ファンドの
プロと
考える

勝盛政治
MASAHARU KATSUMORI

初めての資産運用

人生100年時代の投信活用術

Pan Rolling

はじめに

いま、多くの人がお金の運用に興味を持ち始めています。年金への不安、低金利が続くなかで将来に向けて準備しておかなくてはとの意識は高まっています。国も、個人の資産形成をサポートするために、iDeCo（イデコ）（個人型の確定拠出年金）の対象者拡大や「つみたてNISA」の新設による優遇税制を用意しました。

2012年後半から5年以上も続いているアベノミクスによる株高で、利益をあげた成功体験が広がっていることとも無縁ではありません。ビットコインに代表される仮想通貨で一躍財産を作った「億り人」が注目されたことも、広い意味で投資への興味を駆り立てたことでしょう。

また、フィンテックが進み、スマホで投資信託が買えるようになるなど金融サービスが身近なものになってきたことも、若い人を中心に金融への接点が容易になってきています。

このように考えると、従来から言われてきた資産形成の必要性に加え、話題性、成功体験、金融商品へのアクセスの容易さなどにより、資産形成の機運は大きく高まる環境が整っています。

いままでは、資産形成、資産運用と言えば、まとまったお金を保有しているご高齢の人が行うものというイメージがありましたが、少額でコツコツと積立できるサービスの進展もあり、長期で積み立てることへの理解も進みつつあります。

その一方で、いざ資産形成を始めてみたいと考えたときに、何に頼っていいのか？　迷ってしまうことが多いようです。どれくらいのお金にしたらいい？　つみたてNISAやiDeCoってどのように使い分けるの？　投資信託はたくさんあるけど、どれを選んだらいいの？　どの金融機関でも同じなの？　初めてなのに、自分で決めなければならないことだらけです。銀行などの金融機関に無防備で相談に行くのにも抵抗感がありますよね。

投資は自己責任の原則があります。そのため、金融機関の販売担当者としても、提案はできても過度な勧誘や推奨を行いにくいので、お医者さんの処方のように力強く背中を押してくれることはありません。

また、ネットを検索すれば、興味ある事柄について個々の記事はありますが、全体像を示してくれるものはありません。資産形成のように色々な選択を行うものは、全体像があり、具体的にどのようにしたほうがいいのかわからないと、なかなか理解が進まないものです。

私は、従来からこういった課題を解消したいと考えてきました。投資信託の見分け方や資産形成の考え方について執筆したりお話しする機会を通じて説明しても、「では、自分はどうしたらいいの？」「どの投資信託にしたらいい？」となってしまいます。

そこで本書では初めての人でも資産形成に一歩踏み出せるために、難しい選択を求めない、最も基本的でわかりやすい方法をお伝えする、それも、全体像として提供することに徹底的にフォーカスすることにしたのです。

海外旅行でも、最初からペルー山奥のインカ帝国の遺跡マチュピチュに行く人はまれでしょう。最初はハワイや香港、アメリカ西海岸で海外旅行のコツを体験したうえで、その後の旅先を個人的にアレンジしていくものです。本書を読んでいただければ、海外旅行と無縁だった人でも、安心してハワイ旅行ができるようになります。

私は、お金の運用の仕事に長らく従事することができました。そこでは、金融市場の動きを見定め、お客様から預かったお金を増やすため日夜奮闘しました。イラク戦争、リーマンショックなど突発的な出来事も含め、常に金融市場で闘ってきた思いがあります。そして30年以上の経験を通し、「資産形成は目先の金融市場の動きに気を配るのではなく、長期で経済活動の恩恵を受ける金融資産にコツコツとお金を託しておけば、時間の経過とともにその恩恵を享受できる」という、最もシンプルな原則を実感しました。

短期的な上がり下がりはあっても、10年単位で見れば株式などの価格は経済成長を反映して上昇します。長期投資ができる時間さえ確保できれば、知識や経験がなくても資産形成はできるのです。人生100年時代と呼ばれる現在、時間はたくさんあります。

本書をお読みくださり、多くの人が資産形成に一歩踏み出していただければ幸いです。

勝盛 政治

Contents

第1章

投資の知識がなくても資産形成はできる

皆さんは「知識がなければ資産形成はできない」と思いますか？

知識がなく、数字にも強くない自分が投資をすると損をするかもしれない、詳しい人にだまされるかもしれない。そういう不安が、投資を始めるにあたって、最初にして最も高いハードルになっています。「わからない → 怖い → やめておこう、遠ざけておこう」という思考パターンです。

また、一方で私たちは、知らないことに興味を抱き、理解したいという欲求も持っています。本来、お金は、私たちが最も大切と感じるものの１つであり、資産形成に興味を持つことは自然なことなのです。

ここでは、投資の知識がまったくなくても、長期の資産形成はできることをお話しします。

●知識がないと資産形成はできないと感じるのはなぜ？

知識がなくても資産形成をできると私が考える理由は「長期の資産形成は、あれこれと頭を悩ますものではない」という事実からです。世界経済の成長から恩恵を受けるタイプの投資信託に、保険の掛け金のようにコツコツと積み立てれば、長期の資産形成の基本型は完了です。こんなにも簡単なことなのですから、当然誰にでもできるものです。のちほど詳しくお話ししますが、つみたてNISAやiDeCo（個人型確定拠出年金）など資産形成を税制面から促進する制度も用意されています。

たとえば保険は、最初に契約をすれば、毎月銀行口座から定期的に引き落とされますよね。長期の資産形成でも、保険商品のように投資信託を選んで積み立てればいいだけです。しかも、保険はたった数ヵ月の支払いができなければ保険の契約が止まるとか、自分の支払った保険料の中から高金利で借り入れをしなければならないなど自由度が低いものですが、投資信託では、積立てを途中で止めてもペナルティはありません。特別な口座での積立てではない限り、途中で換金もできます。このように自由度も高いものです。こう考えると、ますます誰でもできることがわかるでしょう。こんなにシンプルなことなのに、どうして多くの人が資産形成に踏み出さないのか？　それは、難しく考えすぎているからです。

投資には自己責任の原則があります。最終的にお金を託す投資信託をどれにするのかは自分で選ばなければなりません。もちろん、金融機関の販売担当者も説明はできますが、この原則のため「これにしましょう！」と強く勧めにくい面もあります。私たちの背中を押してくれる人がいないことも、投資に踏み出せない間接的な理由になっているかもしれませんね。

投資という言葉は実は非常に幅広い行為を指します。投資は、お金をなにかにまわすことで、そこから収益を得ようとする行為すべてを指すのです。それには、マンションなど不動産への投資もあれば、株式への投資もあります。対象が違いますが、自分のスキルを高めるために自分に投資するという言い方をするときもありますよね。目的も違えば、投資をする対象も異なります。

こういった幅広い投資対象のなかで、私たちが大金を持たなくても自分の手元のお金で投資ができるのは、直接に株式に投資をするとか、投資信託を通じて間接的に株式や債券などに投資をすることです。一昔前は、株式は100万円単位のお金を用意できなければ１つの企業の株式にさえ投資できませんでしたが、最近は数万円でも投資できるようになりました。また、投資信託は１万円から積み立てることができる便利なものでしたが、最近では1,000円程度からコツコツと積立投資できる金融機関もあります。

投資をする人のなかには、短期間で収益を得たいという人もいます。値上がりしそうなものを探して投資をするとか、安いところで買って高いところで売ることでお金を増やしたいという考え方です。実は、私たちのまわりで投資というと、このようなイメージを持っている人がすごく多いです。知識がなければ投資はできないと敬遠している人の多くは、投資はそういうものだから、よく知らない人にはできないと考えています。実際に投資信託を購入されている人の多くも、「いま、良いもの（儲かりそうなもの）はないか？」という意識で見ている人が多いです。これらは、いずれも手軽に儲けるギャンブル性のあるものの延長線上として投資を見ているのです。

それに対して、長期の投資は、同じ投資という言葉を使いますが考え方は大きく違います。「値上がりしそうなものを買って儲ける」のではなく、（投資信託で）株式などを数十年といった長期で保有することにより、「長い目でみた経済の成長の恩恵を収益という形で受けとる」のです。長期で投資をすることと、短期で儲かりそうなものに投資をすることは、同じお金を株式や投資信託に振り向けるとしても、その目的も違えば手法もまったく異なります。

日本経済もバブルの発生や崩壊、失われた20年と言われた長期のデフレなど紆余曲折はありましたが、ここ数年はアベノミクスによって成長を取り戻していますよね。経済は良いときも悪いときもあるので、短期間で上手く利益をあげようとするのであれば、色々な情報をみてどのようなものを買うのかなど、あれこれ考え

【図表１－１】通常の投資と長期投資の違い

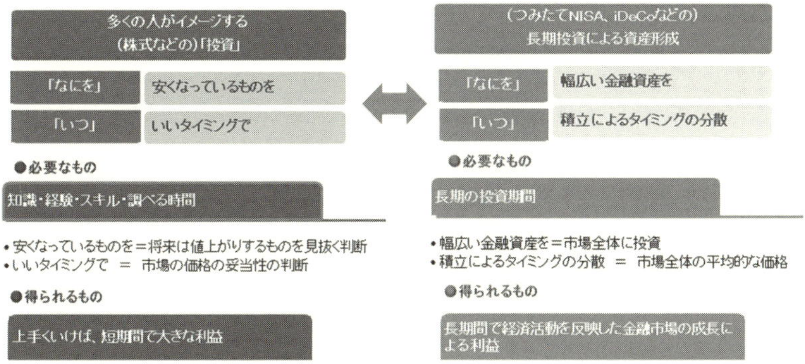

る必要があります。その対極的な方法として、日本経済も数十年といった長い目でみると結果的に確実に成長しているように、長期の成長から収益を得るのが長期投資による資産形成です（図表１－１）。

大切なポイントなので、もう少し詳しくお話しします。投資信託を通じて株式に長期投資をすると、どうして経済成長の恩恵を受けられるのでしょう？　それは、企業は経済活動によって収益をあげているので、経済が成長すれば、より多くの収益を稼ぐことができるから。そうして企業の収益が高まれば、企業の発行する株式の価値が上昇して価格（株価）も高まります。それにより、株式に投資をした投資信託の価格も上昇するので、私たちはお金を増やすことができるのです。

たとえば、自動車メーカーのトヨタは、20年ほど前に600万台の車を世界で販売していました。それが、世界の経済が成長して、多くの人が豊かになることによって車を購入する人が増えて1,000万台も販売できるようになったので、たくさんの収益をあげることができました。それによりトヨタの株式の価値が高まり、それに投資をしていた投資信託の価格も上がるわけです。

●長期の投資が資産形成を安全にする

ここで大切なことは、数年という単位でみると経済は良いときもあれば悪いときもありますが、数十年という長期間であれば、経済は成長していることです。そして、経済が成長するということは、経済に関わる多くの企業も全体でみればより多くの収益をあげます。特定の企業であれば、ソニーや東芝のように栄枯盛衰もありますが、全体でみれば企業収益を増やしています。だから、長い期間にわたって、経済の成長全体から恩恵を受けられる幅広い企業の株式に投資をしておけば、私たちもその恩恵を受けることができるのです。個別の企業の株価がどのように動くのかまで調べて投資をすることは大変です。それよりも、投資信託を通じて運用のプロに任せて多くの株式にまんべんなく投資をするほうが、特定企業の業績の影響を受けなくてすむので安心です。

こういった投資信託はたくさんあります。投資信託は5,000ファンドもあるので、よく「どれを選んだらいいかよくわからない」という声を聞きますが、長期の資産形成に適した投資信託もしっ

【図表１－２】個別企業の株価と、たくさんの企業をまとめた株価指数

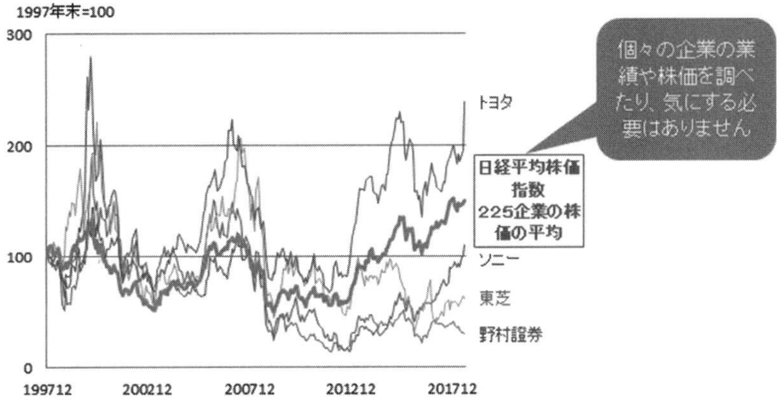

出所：ブルームバーグより作成

かりと用意されているのです。それがどのタイプなのかさえわかれば、投資信託選びも決して難しいものではありません。

私たちは、「ソニーや東芝は大丈夫か？　成長しそうなのか？」といったことをあれこれ考える必要もなく、ただ単純に、経済の成長から恩恵を受ける多くの企業に、投資信託を通じて幅広く投資しておくだけで、時間の経過とともに収益をあげることができます（図表１－２）。これが長期投資の真の価値です。いたって簡単ですよね。本当に、投資の知識がなくても誰にでもできることなのです。

冒頭にお話ししたように、投資といっても様々な対象があります。多くの選択肢のなかでどれにしたらいいのかと考えると収拾がつきませんが、投資の初心者でもできる、最も シンプルな方法が長期の資産形成なのです。

最近はリテラシー（知識）という言葉が流行っています。資産形成の世界でも、投資リテラシーという言葉を使うことが当たり前になってきました。そもそもリテラシーとは、読み書きをする能力という意味を持っています。投資リテラシーがあると言えば、ある程度の知識があり投資を理解しているということになります。

そして、多くの個人は資産形成に励むためには投資のリテラシーが必要だと考えています。また、個人に投資教育をする専門家も、資産形成が広まるには、個人の投資リテラシーを高める必要があると唱えています。投資信託は多くの特徴を持っていますが、自分の目指す資産形成がどういうもので、それに対してどの投資信託が適しているのか？　そして、数ある投資信託のなかから適している投資信託を自分で探し当てて選ぶことができる？　ここまでを求めるのであれば、投資のリテラシーはかなりレベルの高い水準です。そういったことができるのが理想ですが、本当にそこまで必要でしょうか？

そこまで求めると誰も資産形成は始められません。車の運転でも、普通に生活するには、多くの車種を乗りこなす必要もなければ山道や狭い道を走る必要もないですよね。カーナビにしたがって、自分の目標地点までスムーズにいく運転ができれば目的はかないます。そうすることによって、徐々に運転の知識やスキルも高まっていくでしょう。まずはシンプルな長期の資産形成ができるようになることが第一です。

長期の投資による資産形成は難しくないというイメージを持っていただけたでしょうか？　いま、ここに書いた理屈さえ受け入れてもらえれば、特別な知識など必要なく、誰でも資産形成はできます。自分のお金を、たとえば、世界の企業の株式に幅広く投資する投資信託に積み立てる。そして、長期間の投資でお金を増やすことを目指しているのだから、経済が良いとか悪いとか、価格の上昇とか下落で一喜一憂しない。どっしりと構えて、「私は世界経済に長期で投資をしているのだ」と悠然と構えていれば良いのです。長期の資産形成はこんなにも簡単なことなのです。「資産形成は、きわめて退屈なものだ」といった名言を残した著名な投資家もいるくらいです。

●公平中立な啓蒙の場がなかった

逆に言えば、なぜ、いままでこういった啓蒙が十分になされていなかったのか、残念でなりません。みなさんも不思議に感じることでしょう。これにはいくつかの理由があります。真っ先にあげられるのは、資産形成についての公平中立な投資啓蒙の場がなかった点でしょう。先ほどお話ししたのは、ものすごく単純で当たり前のことです。実際にこういった啓蒙をされている人の話を聞くと、話を聞いてもらえる機会さえあれば、みんなよくわかってくれると言っています。しかしながら、こういったことを無料のサービスに近い形で、みなさんにお話する場の提供と、そうすることへのインセンティブが働かなかったために、多くの人は長期投資による資産形成を知る機会を得られなかったのです。

インセンティブという意味では、投資信託などの金融商品を販売する立場である金融機関は、収益を優先するあまりに、コツコツとお金を積み立てる個人へのアプローチが十分でなかったものと思われます。個人にとって、お金の面で最も近い立場にあるのは金融機関です。少額でも大金であっても、顧客に対して丁寧に資産形成を勧めることができる立ち位置にあります。しかし、収益を求められる金融機関からすれば、毎月数万円といった少額で積み立てることから得られる手数料よりも、一度に1,000万円の取引をしてもらえれば、購入手数料だけでたくさんの収益があがりますよね。それであれば、まとまったお金がある高齢の人に投資信託のセールスをしたほうが効率よく映ります。そのため、幅広い層への資産形成のアプローチが後手になっていた面があります。若い人は、金融機関との対面でのお付き合いを敬遠する傾向もあるので、20代から30代といった資産形成を始めるべき層へのアプローチが難しかった面もあるかもしれません。

また、金融機関は顧客の長期的な資産形成への啓蒙によって投資信託を購入してもらうよりも、自分たちが顧客に販売したい投資信託の魅力を伝えることを優先してきた傾向があります。証券会社がホテルなどで主催する投資セミナーにおいても、長期の投資の話よりも、自分たちが売り出したい特定の投資信託などの商品の宣伝のために開かれることがほとんどです。入り口で長期の資産形成とはどういうものかという説明が十分になされず、特定の投資信託がなぜいいのかという説明に重点を置いてきたからです。顧客にとっても金融機関にとっても、限られた時間のなかで資産形成のあるべき姿に時間を割くのは簡単ではありませんが、結果的に、個人に長期の資産形成の魅力を十分に伝えきれていなかったのです。

これに対して、最近はファイナンシャル・プランナーやファイナンシャル・アドバイザーと呼ばれる立場の人も目立ってきました。人生をお金の面でサポートする、お金のお医者さんのような立場にある人たちです。人生設計のなかでどういう準備をしておけばよいのか、そのために家計の支出で節約できるものはないか、また、入っている保険の見直しや資産形成のアドバイスを行います。金融機関の担当者よりも個人に寄り添った立場にいます。まさに、長期の資産形成の啓蒙にはうってつけの存在です。しかしながら、この手の相談にのるだけでは、十分に生計を立てられないケースがほとんどです。多くのファイナンシャル・プランナーは、保険代理店を行っているとか不動産業を営んでいるなど、主な収入源を確保したうえで、その一環としてファイナンシャル・プランナーとしての仕事も行っています。

日本では、欧米と違って、相談やアドバイスのサービスを受けることの対価としてお金を支払う意識が根付いていないことから、こういった立場の人たちが十分に活躍できない理由となっています。本来であれば、生涯年収では億単位にもなる人生のお金の診断をわずか数万円の費用で行ってもらえるのですから、車検のように定期的にチェックをしてもらうことは価値があるのですが、日本ではそういった土壌は育っていないようです。

長期の資産形成を広く啓蒙していくには、ファイナンシャル・プランナーがその中心的な役割を担っていく一番良い立場にあるのですが、それだけで生計を立てていくことが難しいために、多くの人に長期の資産形成の良さと方法が伝えきれていないのです。

では、経済関連の新聞や雑誌、テレビなどのメディアはどうでしょう？　みなさんも手にとって読まれたことがあると思いますが、こういった媒体は、どちらかと言えば、話題性を提供することに主眼を置く傾向にあります。「いま、フィンテック企業が熱い」とか「これからの不動産投資はどう考える」、「投信ブロガーが選ぶ30ファンド」といったように、特定の切り口で話題を提供していくのが、ある意味、メディアの特徴でもあります。

投資と言えば、上手く儲けるために行うものという目で見ている人がお金を払って雑誌を買い、番組を見てくれるわけですから、そういう内容になるのも致し方ありませんよね。

どれが儲かりそうなのかを求める人は、長期の資産形成を目指してはいません。だから、情報を提供する側も、そういう人に合わせた内容になってしまうのです。そして、これこそが残念なことなのですが、そういう見出しや記事を目にする一般の人々にとって、「投資とはそういうものなんだ」と映ってしまうことです。これが、投資に対して「儲けを狙うもの」、「よく知らないとできない危険なもの」という印象を与えています。

新しく始まったつみたてNISAやiDeCoは長期の資産形成のための制度なので、こういったときには特集が組まれます。その際も、長期の資産形成についての詳細な説明よりは、「では、どのファンドを選ぶ？」、「どの金融機関がお得？」、「どんな人が利用している？」といった方向で取り上げられることが多いようです。それはまるで、身近なクレジットカードを、どのカード会社のポイントがお得かといった目線で選ぶようなものです。それも重要な判断基準ではありますが、その前に、長期の資産形成はなぜ良いのか、それは誰にでもできる点をわかりやすくしっかりと伝えてもらいたいものです。

●ブロガーなどの新たな動き

こういった状況に対して、ブログやSNSを通じて若い世代の人気を得ているブロガーには期待したいところです。ブロガーは基本的に正しいことを言っています。私は、こういった人たちが、どんどん情報を発信することにより、多くの人に資産形成の魅力と正しい資産形成の実践の仕方の基本型が伝わっていくことに、大いに期待しています。最近では、金融庁もブロガーを呼んで、長期の資産形成に関して意見を交換しています。普段は官僚組織と接点のなさそうなブロガーに対して金融庁が期待するものも、まさに若者への発信力です。

投資をする人と同じ側に立って、実際に資産形成に励んでいるブロガーの姿は、多くの人にとって信頼でき、共感できるものです。ブロガーにも色々な投資をするタイプがいますが、投信ブロガーと呼ばれる、投資信託を中心に資産形成に励む人たちは、自分がどのような資産形成を考えているのか、そのためにどういった特徴の投資信託を購入しているのか、丁寧に書いています。そして、彼らはインデックス型のファンドを推奨することが多いです。これについてはのちほども詳しく触れますが、長期の資産形成を考えるうえでは重要な選択です。インデックス型のファンドは費用が低くて済むため、長期で保有することにより、結果として良い収益が得られやすいからです。読む側は、ブロガーが発信する情報から色々と学んでもらいたいです。

また、最近は、主に会社勤めの人が資産形成や投資教育の話を聞く機会も増えています。その中心になっているのが、2001年以降に企業が導入した確定拠出年金（DC、Defined Contribution Plan）と呼ばれる年金です。同じ確定拠出年金でも、個人向けはiDeCoのネーミングで多くの人が加入できるようになりましたが、企業では、会社が将来の年金をまかなってあげるのではなく、お金を社員が自己責任で運用する形の年金形態にシフトしています。しかしながら、普段営業や製造の現場で働いている社員は、投資についてよくわからない人も多いですよね。そのために、投資教育を継続的に行うことが定められています。

いざ退職時期になって「年金はこれだけしかないの？」という

ことがないように、企業はあの手この手を使って社員が自分の将来の年金原資を適正に運用してもらえるように気を配っています。確定拠出年金の導入が進むにつれて、投資教育を受ける機会が増え、また、自分の年金をどのように運用したらよいのか考える素地が出来つつあります。

いままで、幅広い層に基本的な長期の資産形成を伝える場がなかったことに対して、すでに600万人に達する企業型確定拠出年金の加入者は、本人たちはピンときていないのでしょうが、継続的な教育を受けることになっています。この投資教育とは、まさにこれからお話ししようとする、長期の資産形成の大切さと考え方です。

米国でも、1970年代は、いまの日本と同じように投資をする人は少数でした。それを大きく変えたのは、米国で導入された確定拠出年金制度だったのです。長期投資の意味を理解し、実際に投資をすることによってその効果を実感し、いまでは多くの人がお金のかなりの割合を資産形成のため投資にまわしています。日本人だけが特別に保守的な考えではないのです（**図表１－３**）。

日本の確定拠出年金のお金は10兆円程度ですが、米国では600兆円を超えるまでに増え、多くの人が豊かになりました。

金融商品を販売するサイドではなく、資産形成を目指すサイドであるブロガーの発信、また、確定拠出年金における投資教育などにより、やっと、正しい資産形成のあり方が多くの人に伝えられ始めています。こういった動きがさらに広がっていくことを期

【図表１－３】家計に占める投資信託・株式の保有割合

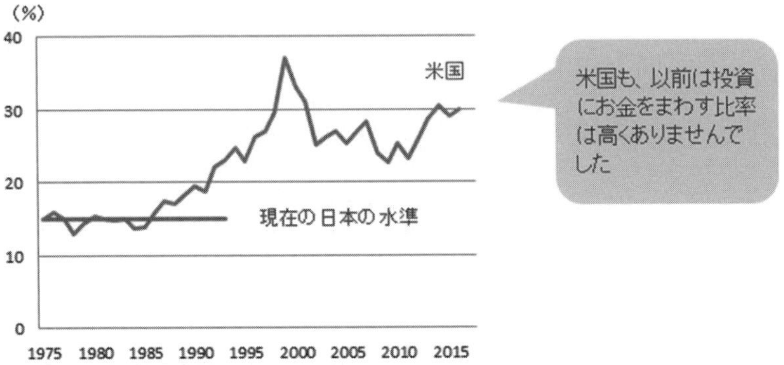

出所：金融庁HPより作成

待します。

長期の資産形成は、まるで宗教の伝道師のように、無償でも、人のために良いことを伝えていきたい、同じことの繰り返しでも、大切なこと、正しいことを広めたいという使命感が必要です。一方で、情報が溢れている時代において同じことを繰り返し唱えることは面白味がなく、商業的には成り立ちません。多くの人は、短絡的で興味を引く事柄を求めるからです。そのため、現代社会において資産形成の地道な啓蒙は根付きにくいのですが、最近の動きに期待したいところです。これからお話しする長期の資産形成はシンプルで簡単なものです。本書をお読みいただいている私たちは、そんなことを待たずとも、いますぐにでも始めていきましょう。

第2章

私たちはお金を増やす機会を逃している

私たちは、投資を警戒して、安心・確実な銀行預金や貯蓄性の生命保険を中心に資産形成を行っています。

長期で見た場合に、価格の大きな上昇を期待できるのは、株式などの資産です。ここでは、私たちがいかに投資機会を逃しているのか、また、預金や生命保険といった低利回りのものに過度にお金をまわしていることの非効率性についてお話しします。

●長い目でみると、何の価格が上昇している？

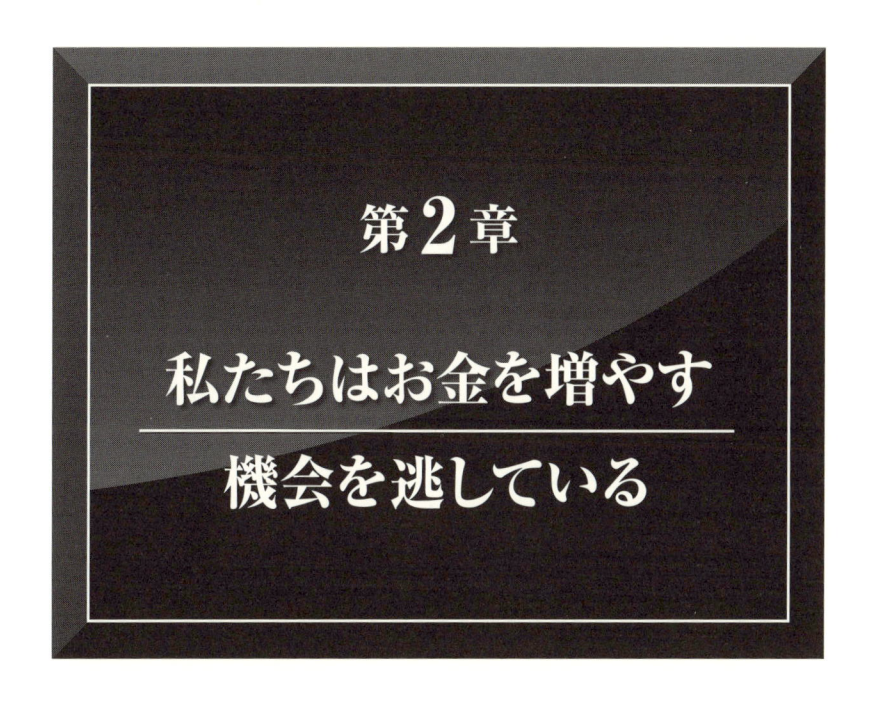

私たちが資産形成として投資できる対象のなかで、長期でみる

とどういった資産の価格が上昇しているのでしょう？　身近に知っている、投資ができる資産を挙げるとすれば、預金にはじまり、債券、株式、不動産、金（ゴールド）といったところでしょう。本来であれば、これらの対象について過去50年、100年、若しくはそれ以上の長い期間にわたって比較してみれば一目瞭然なのですが、最近は、こういったデータを提供している会社はデータの使用に大きな料金を課すようになっています。そのため、ここでは、1975年以降の40年強の期間でどのように価格が推移をしてきたのか、一般的な考え方も踏まえながら見ていきます。

図表２－１にも表れているように、私たちが投資信託を通じて身軽に投資できる対象のなかでは、株式が圧倒的に価格の上昇が大きい資産です。日本株式に限れば、一国の経済動向の影響を強く受けてしまいますが、米国株式に代表される世界の株式であればそういった特定国による影響を和らげることができて、世界経済全体の成長の恩恵を受けることができます。

2014年に、フランスの経済学者トマ・ピケティが著書『21世紀の資本』（みすず書房）において、投資による資本から得られる収益率は経済成長率を上回ることを過去の長い期間にわたって検証したことが話題になりました。経済成長率の伸びを私たちが労働によって得られる収入の伸びに置き換えれば、「投資」は「労働」よりも収益性が高いことになります。普通に働く労働者よりも、資産家と呼ばれるお金持ちが高い収益を得られるため、貧富の格差は広がるということが示されました。

【図表２－１】主要な資産の長期間の価格の推移

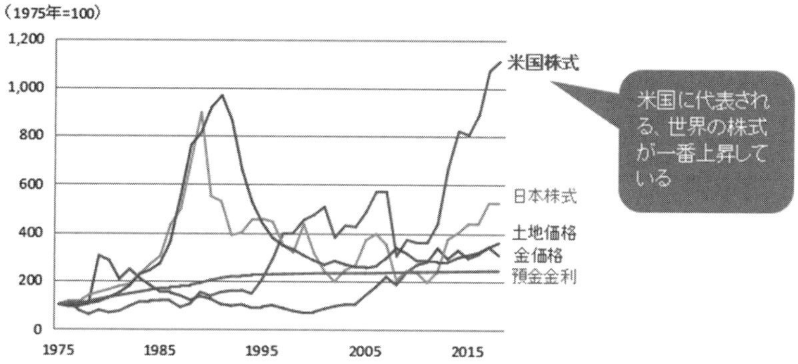

出所：ブルームバーグより作成

資本から得られる収益とは、ものすごく単純な表現をすれば、企業の株式への投資から得られる収益と言い換えることもできます。私たちは、株式にお金を振り向けることで、昔の資本家と同じように、時間の経過とともに高い収益を得ることができるのです。

株式は良い時期もあれば低迷する時期もありますが、長い目でみれば実際に高い収益を得られてきた資産です。投資をしたことがない人にとって株式は怖いと感じるようですが、長期でみれば、株式ほど優良な投資資産はないのです。

米国の著名な投資家であり資産家でもあるウォーレン・バフェット氏は次のようなニュアンスの発言をしています。「株価が下落すると多くの人は恐れたり落胆したりするが、私は喜ぶ。それは、優良な企業の株式を安い価格で買えるからだ」と。投資対象として優れた資産だからこそ、価格が下がることを恐れるのではなく、下がったときにこそ投資すべきなのです。

債券は、株式ほど収益性は高くはありませんが、それなりの収益を得られる資産です。債券は、投資の知識がない人にとっては株式よりもイメージの湧かない、よくわからない資産に映るようですが、それほど難しいものではありません。私たちが住宅ローンを借りたときに金利利息を支払うのと同じ構図で、私たちが投資信託を通じて企業が発行する債券を購入することにより、企業にお金を貸して金利利息を受け取るものです。企業から優先的に返済を受けられるとか、貸したお金は満期に返済してもらうなど安全面での条件があるので、そこから得られる金利収入は株式から得られる収益性ほどは高くありません。株式よりも安定した投資資産だと考えておけばよいでしょう。

これに対して、預金に置いておけば微々たる収益しかあげることができません。私たち日本人は、金融資産全体の50%程度をこの預金に置いているのですからもったいない話です（図表2－2）。

また、現在の日本の債券も、海外と比べるとかなり低い金利水準にあります。これは、日本国内ではお金が余っている一方で、少子高齢化など成長余力が乏しいことから、投資機会が少ないことにより、企業がお金を借り入れる需要が少ないので金利が低くなっているのです。

私たちが気をつけないといけないのは、生命保険における養老保険や終身保険で適用される貯蓄性の部分で約束されている金利

【図表２－２】家計の金融資産の割合（日・欧・米）

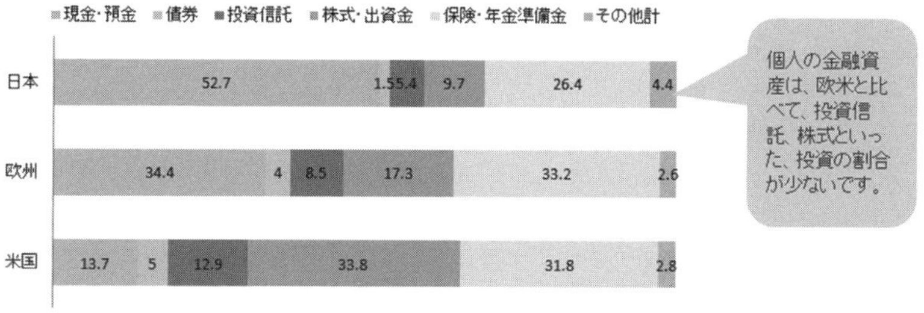

出所：日本銀行ＨＰより作成

は、日本の債券金利の水準を参考にされるものが多いことです。これはすべてではなく、また、同一でもないので、その点は誤解されないように個々に確認してもらいたいのですが、大きく影響を受けています。そういった生命保険の貯蓄部分の収益性は、株式や外国の債券と比べると、長い目でみれば低い点です。日本は保険大国でもあり、預金の次に保険に多くのお金を振り向けています。これももったいない話です。この点については、のちほど詳しくお話しします。

　不動産を証券化したリートは投資信託によって投資できますが、戸建てやマンションのような実物不動産はそれなりのお金を用意しなければ保有できません。不動産の強みはなんといってもインフレに強いことです。インフレによってお金の価値は目減りしていきますが、インフレによっても価値が低下しづらいもの、それが不動産です。日本では長きにわたったデフレにより不動産価格は低迷しましたが、それまでの日本では不動産の価格は上昇していました。また、最近は政府の政策もあって、次第にインフレ傾向が根付いており、不動産価格も大都市圏を中心に上昇を続けています。もし、将来的にインフレの傾向が続くと考えるのであれば、需要のある大都市圏の不動産も魅力のある資産です。

最後に金（ゴールド）について触れておきましょう。金は銀などとともに、昔から貴重な金属として扱われてきました。以前は、金の保有残高を裏付けとして国の紙幣の発行が行われていたくらいですから、世界共通にその価値が認められていて、経済が不安定な新興国では、自国の通貨よりも米ドルや金のほうがよほど信用されています。装飾品としても、経済が豊かになった国では金の需要が増えると言います。インフレが上昇しても、一定の価値を有する金は連動して価格が上昇しやすいとも言われています。

こういうこともあり、金は株式などとは違う動きをすることが多いこと、また、インフレの上昇に備えた資産の１つとして、複数の資産に投資をする人や富豪と呼ばれる人が好んで投資することが多い資産です。

最近は、この金に対しても、私たちは少額で投資ができるようになりました。以前から実物の金を積み立てて購入することはできましたが、最近では投資信託の仕組みを用いたものもあります。金を好きな人が金に投資をするのは自由ですが、金の投資を資産形成の中心に据えるのは、私個人の考え方としては違和感があります。それは、金は経済活動に伴う収益を生む資産ではないからです。最近は、金への投資があたかも資産形成の大きな選択肢の１つのように宣伝されていますが、いままでお話ししてきた株式などとは異なり、長期の資産形成で投資をしておけば将来的に収益が得られるとは言い切れない対象なので、積極的には推奨はできないのです。

ここで確認しておきたいこと、それは株式は長期の資産形成に向いている資産と言うことです。前述のウォーレン・バフェット氏はなぜ株式だけに投資しているのでしょう？　株式しか知らなかったわけではありませんよね。株式が最も投資価値が高いことを知っているからです。

●「安心・確実」をうたい文句にお金を吸い上げる商品

生命保険の影響も、間接的に、投資による資産形成を阻んでいる可能性があると個人的に感じています。生命保険は「保険がついた確実な利殖」を謳い文句に、本来であれば投資による資産形成にまわしてもよいお金を吸い上げています。

保険の本来の機能は、掛け捨ての生命保険である定期保険です。死亡保障を1,000万円つけるために月々5,000円を支払うタイプのもので、これだけは唯一、生命保険会社でしか扱えないものです。その定期保険に貯蓄性を持たせた養老保険や終身保険があります。死亡保障の定期保険の保険料5,000円に加えて、貯蓄性の部分で１万5,000円を加え、月々に２万円の保険料を支払うタイプです。

これは、万が一、早くに亡くなってしまえば定期保険の部分から死亡保障の保険金がおります。そして、亡くならなかったときには、長期間にわたって掛け続けた掛け金の合計を上回る返礼金などが戻ってくるという、一見すると、すごく魅力的な商品に思えます。死亡時の保障が付いていて、預金よりも少し高い利回りで貯蓄もできる。満期になれば損することもなく、確実に数百万円が老後に戻ってくるので生活の足しにもなるはず。誰もが良いことずくめに感じますよね。

私も30歳の時にこの魅力に引かれ、養老保険と終身保険に入り、いまでも掛け続けています。「悪いと思ったのなら、なぜ解約しないのか？」、それは、解約の費用が高いこと、死亡保障を高齢になったいま外せないこと、そして、過去の保険はそれでも利回りが今よりは高かったからです。この商品自体に害はないのですが、くせ者扱いしてしまうのは、投資にまわせばより高い利回りが得られるお金を、つい確実な利回りの貯蓄にまわしてしまうことです（図表２－３）。金利の高い時代ならまだしも、いまのような低金利の環境では、貯蓄性の部分は低利回りで数十年間にわたり固定されてしまいます。

預金よりは高い利回りが提供されますが、数十年という長期間で投資による資産形成を行ったならもっと高い利回りによる収益が得られたことは、さきほどの図にお示ししたように、過去は実際に示しています。

行動経済学という人間心理に根付いた行動パターンの分析によ

【図表2－3】生命保険へのお金の流れ

（単位：億円）

	2013年度	2014年度	2015年度	2016年度	2017年度
現金・預金	181,680	186,476	150,320	212,305	214,339
国債など	−24,207	−22,501	−16,745	1,268	−12,546
株式等・投資信託受益証券	−30,181	−10,984	−11,000	−59,172	−34,336
株式など	−66,765	−68,034	−21,437	−32,798	−36,535
投資信託	36,584	57,050	10,437	−26,374	−2,199
保険・年金等	6,677	41,920	57,991	64,553	39,226
主に損害保険	10,286	7,696	13,750	16,243	224
主に生命保険	36,574	55,766	68,469	49,818	37,511
主に年金保険	−37,905	−29,729	−19,626	−4,065	−4,292
確定拠出年金など	−2,358	8,172	−4,211	2,236	5,339

国民は、いまでも預金と生命保険にたくさんのお金を回している

投資信託へのお金は増えていない。
確定拠出年金は徐々に増えてきているが、まだまだ少ない。

出所：日本銀行、資金循環表より作成

れば、人は儲かりそうで不確実なことよりも、わずかでもよいから確実に収益を得られることを選択してしまう傾向が強いそうです。人は、不安定、不確実なことを嫌う傾向があるからです。

保険販売の指導に長年携わり、いまは大手保険代理店の幹部として、様々な場で保険の上手な活用について講演されている人が、「保険についている貯蓄の部分は、20年、30年といった長期国債を自分で購入しておけばすむ程度の利回りで、続けている」と語っておられました。ご存じかもしれませんが、長期とはいっても、国債は最も信用力があるものなので、裏を返せば、そこから得られる利回りは低いのです。2018年12月現在では、10年国債の金利は0.04％、20年では0.56％、30年でも0.80％に過ぎません。そういったものに、多くのお金を寝かせてしまうのが保険なのです。

さらに言えば、生命保険会社は店舗や宣伝、膨大な人数の生保

レディにお金を払っています。こういった経費は、すべて私たちが掛ける保険のお金から支払われています。それほどまでして、生命保険会社にたくさんのお金を任せる必要があるのでしょうか？　医療や死亡などに関する保険は必要だとしても、貯蓄や資産形成に関する部分は、自分で直接に投資信託などにまわしたほうが高い収益を得る可能性があり、効率的です。これが、資産形成にまわるはずのお金が保険商品に吸い上げられている仕組みです。また、投資信託は生命保険の商品よりも情報の開示が進み、競争によって費用もかなり低くなっていると言われています。

さきほど、銀行や証券会社などの金融機関は、資産形成の考え方の啓蒙は十分にできていない、それは、顧客と金融機関の双方にとって限られた時間のなかで、自分たちが顧客にとってよい商品の魅力を伝えることを優先しているためだというお話をしました。それに対して生命保険のセールスでは、かなり長い時間をかけてでも個々の顧客に対して保険についての話をしてくれますよね。これはどうしてでしょう？　考えてみたことはありますか？

時間をかけてでも親密になることで情に訴えることもあるでしょう。それとともに考えられることは、保険は数十年といった長期の契約であり、一度契約をしたら簡単には止められないものなので、保険会社にとってみれば収益性が高い商品だからです。だからこそ時間をかけることができるのです。それは裏を返せば、私たちの保険契約から保険会社は長期にわたって大きな収益を得ていることでもあります。

それ以外にも、生命保険は自分が掛けたお金なのに途中で容易には換金できません。数十年といった長期で契約しているので、保険のなかにはお金が貯まっているという報告書は来ますが、それは勝手に使えないお金です。何かのときにあてにしようと解約を申し出ると、多くの解約手数料を支払う必要があります。保険契約自体は継続しながら、自分が蓄えてきた保険のなかにあるお金を一時的に使おうとすると、生命保険会社に金利を支払って借りなければならないのです。それも、銀行から借りるような高い金利です。つまり、自分のお金なのに、自由にできないお金になってしまっているのです。

それに対して、自らが資産形成のために投資信託に投資をしたお金は自由に換金できます。もちろん、人によっては「自由に引き出せないからこそ、お金が貯まっていい」という人もいるので一概に良し悪しを決めつけることはできませんが、自由にならないことは制約です。

さらに言えば、物価が上昇すると、将来に約束された満期の返礼金は大きく目減りする可能性があります。いままではバブル崩壊以降、日本では物価はあまり上昇しませんでした。でも、いまの80歳近い年金生活者の人たちは知っていますが、その世代の人にとって1,000万円の保障で加入した保険は、最後の頃には数分の１の価値しかなかったといいます。物価が上昇すると、いまは価値があると思っていたお金でも、将来的なお金の価値は目減りします。たとえば、40年後に1,000万円の満期が来る養老保険に加入したとしましょう。40年後もいまと同じお金の価値が通用するとすれば、それなりに大きな金額ですよね。老後の備えの足しになりそうです。一方で、アベノミクス以降、人手不足も重なり日本の物価は上昇傾向にあります。日銀が目標とする年２％で物価が毎年上昇するとどういうことが起こるのでしょうか？ 40年後の物価は現在の2.2倍になります。ということは、いま1,000万円の価値があると思っているお金の実質的な価値は約454万円に目減りします。最近の私たちは物価が上昇する経験をしていないので実感が湧かないのですが、お金の価値は確実に低下します。ここでは詳しくは書きませんが、日本の財政赤字もかなり厳しい水準に達していることはニュースや新聞で言われている通りですよね。こういったことも将来的に物価の上昇要因になると言われています。

これに対して、投資による資産形成の良いところは、物価の上昇に連動して投資する資産の価格も上昇することです。物価の上昇に最も連動する資産は不動産と言われています。株式の価格も近い動きを示します。こういったことまで考えると、低金利で数十年間にわたり固定してしまう貯蓄性の保険に過度に依存する必要はないのです。投資は怖い、それに対して生命保険は確実に満期でお金が戻ってくる。この構図は、私たちにとって魅力的であり、生保レディと呼ばれる人たちは、ここを見事についてきます。こうして、本来であれば投資による資産形成にまわしてもよいお金が、生命保険の掛け金に流れているのです。

日本の家計の金融資産はいまや1,800兆円とまで言われています。不動産も含めればこの倍近い資産を保有している金融大国です。その家計の金融資産のうちの約半分が銀行などに預けられている現金・預金であり、次に保険が大きな割合を占めています。

以前から「貯蓄から投資へ」という言葉が掲げられていましたが、このときに多くの人が考えていたのが、すでにある1,000兆円近い預金を資産形成のための投資にまわすことでした。でも、これはあまり変化がありません。それはなぜか？　預金のなかには投資にまわすことができるものもあるのですが、生活費やいざというときのために預金にしておかざるを得ないお金も多いからです。この点については、資産形成の啓蒙により徐々に変化を起こしていく必要があります。保険もかなりの割合を占めています。それは保険という名のついた貯蓄です。養老保険や終身保険などが占めています。これは、考えようによっては投資による資産形成にまわすことができるものです。

最近になって、「貯蓄から投資へ」ではなく、「貯蓄から資産形成へ」という言葉が用いられるようになりました。これは単に言葉を入れ換えたようにみられるかもしれませんが、それだけではありません。「貯蓄から投資へ」というニュアンスは、すでにある預金などを投資にまわすことを意味しています。仮に、いま銀行預金に200万円を持っているならば、そのうちの100万円を投資信託にしましょうというイメージです。それに対して、「貯蓄から資産形成へ」という言葉は、すでにある貯蓄を投資にまわすのではなく、入ってくる収入を資産形成として投資にまわしましょうというニュアンスも含んでいるのです。たとえば毎月50万円の収入のうちの５万円を預金と貯蓄性の保険にまわしているのであれば、その５万円のうち２万円は投資信託などを通じて資産形成をしましょうというイメージです。

保険商品で、低利回りで運用している貯蓄性のものは、本来であれば資産形成のために投資にまわすことができるものです。保険は、家計の支出を見直す対象としてみられますが、それだけではありません。資産形成の原資を見出すものでもあるのです。

第3章

私たちは投資を恐れすぎている

私たちは、投資というと怖いものといって恐れ、遠ざけようとします。投資をしたことのない人の８割は、投資は自分には必要ないと答えます。その理由は、なんだか怖いからです。でも、それは投資についての正しい理解がなされていないことによります。

ここでは、投資のリスクは日常のリスク（危険）とは違い、危険で避けるべきものではないこと、リスクの大きさと収益の大きさは表裏一体であること、そして、投資はギャンブルとは違い、多くの人がみんなで収益を分かち合えることをお話しします。このことがわかれば、資産形成のための投資のハードルは一気に下がるはずです。

●なぜ投資を恐れる？

私たちの多くは投資を恐れています。それは、１つには、「投資＝株式の売買」とイメージしている人が意外と多いからです。そういった人たちは、株式の見方やルールをよく知らないと、知識が豊富なセミプロに負けて損をしてしまうという不安を感じています。たとえば、自分が投資しようと思っても時すでに遅く、結局のところ自分が高いところで買ってしまい、損をしてしまうのではないかと疑心暗鬼になっています。身近な例でも、ショッピングモールでときたま展示されている絵画を買ってみようと思っても、「自分には見る目がないのに、この値段で買っても大丈夫かな」と躊躇してしまうのと似ています。信じられる人からの説明を受ける機会がないために、自分のなかで「投資は怖いものだ」と決めつけ、それに対して自分のなかで避けるべきものと判断を下しているのです。

たしかに、何千という株式の銘柄の中から、魅力ある企業の株式に適正価格で投資して利益を得ようとするのであれば、そういう考えも成り立つでしょう。個人で金融市場に参加している人のなかには、そういう目線で株式や為替取引をしている人が本当に多いです。問題は、そういう取引をしている人の姿をみるとか、そういった人から話を聞いている人は、「投資ってそういうものなんだ、私にはできないなあ。ムリムリ」と思ってしまうことです。これは、投資を恐れて避けている人にとって、知識と経験と時間がなければできないものという印象を植え付けられていることになります。

私のテニスサークルの主婦に、「投資ってどういう印象？　投資して老後に向けてお金を増やしたいとは思わない？」と聞いたところ、これとまったく同じ答えが返ってきました。その人の兄は、自分で色々と企業のことを調べて株式の売買をしているそうです。「主婦は、毎日のご飯や子供のことなど目の前に考えることがいっぱいあって、そんな余裕はないです。いまの私には、兄のように色々と調べて投資するようなことは到底できません」と答えてくれました。40代の彼女にとって、投資とは、株式の売買に没頭する兄の姿なのです。

日本では、資産形成をするのは抵抗があるけれど、短期で取引をすることには抵抗が少ないようです。その証拠に、フォレックス（FX）取引と言われる為替レートの動きを予想することで儲けようとする人は非常にたくさんいます。その取引高は2017年ではなんと5,000兆円にも達しています。いまではスマホで手軽にいつでもどこでも取引ができるのでゲーム感覚で行っているのでしょうが、競馬の予想が為替レートの予想に置き換わっただけですよね。私からすれば、こういった取引こそ知識と経験とセンスが必要であり、簡単に儲け続けられないと考えざるをえません。

株式や為替など金融市場で取引をする人が大勢いる一方で、まっとうな長期の資産形成を行っている人は意外と少ないのが残念ながら日本の現状です。日本ではこのいびつな構図が長らく続いており、この構図の解消をしなければ国民の健全な資産形成は進展しないのではないでしょうか。

私の妻ですら、私が資産形成に励むのはよいとしても、「自分のお金では、投資なんてもってのほか」という姿勢でした。妻の口ぐせは「私にはわからないから、あなたがしてください。プロなんでしょ！」。50歳を過ぎた最近になって、老後の不安が目の前の現実となり、やっと、つみたてNISAなら始めてもいいと考えるようになったくらいです。「一歩踏み出してもいい」と思うようになるまでに10年以上もかかりました。私が常日頃から資産形成について語っている家族ですらこうです。そう考えると、世の中の多くの人が、頭から「投資は怖い」、「自分には関係ない」と考えていることもわからないではありません。

金融庁が2016年に行ったアンケート調査には、まさにその結果が表れています。投資をしたことがない人を対象に「投資は必要だと思いますか？」と質問したところ、約８割の人は「必要ない」と答えています。そして、さらに、「なぜ必要ないと思うのか」を複数回答可で答えてもらったところ、「興味がない」、「リスクが怖いから」、「知識がないから」、「ギャンブルのようだから」という回答が上位に並んでいます（図表３－１）。

資産形成における投資はそういうものではありません。まずは、投資とはどういうものなのか、投資のリスクは怖いものではないことをしっかりと理解することです。そのうえで、知識がなくても資産形成はできることを本書ではしっかりとお伝えします。

【図表３－１】投資は必要だと思わない理由

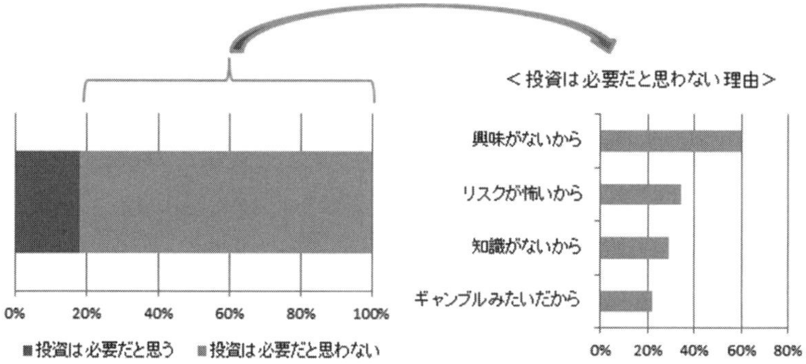

出所：金融庁HPより作成

私たちは日本経済が低迷した時期を長らく経験してきたので、投資に対して疑心暗鬼になっていることも、資産形成に励む気運が盛り上がらなかった大きな要因になっています。バブル崩壊後の日本経済は散々なものでした。地価や株価は下がり、リストラが横行し、企業倒産は頻発。そういったなかで、投資で成功体験を積むことは容易ではありませんでした。しかし、海外の国々に目を向けておけば、かなり高い収益が得られたのです。私たちは、目の前の日本で起こった厳しい経済状況の影響を強く受けてしまい、投資への警戒心が強まったものと思われます。

ただ、暗く長いトンネルの時期が終わって、2018年では早くも５年を経過しました。デフレで賃金が上がらない時期から一転して、人手不足もあいまって賃金が上昇する時代になりました。株価も堅調に推移し、地価も上昇しています。日本の悪い面に目を向ければキリがありませんが、次第に世の中の基調の変化を肌身で感じるようになれば、投資への意識も高まってくるでしょう。

本書を読まれる人は、バブル崩壊後の長いデフレの過去は日本特有のものであったこと、その影響を引きずって投資を恐れている人が多いけれど基調は変化してきていること、また、日本が悪い時期でも世界経済全体でみれば成長を続けていたので、資産形成の機会はあったことを知っておきましょう。

そのうえで、投資は難しいとか、うまくいきそうにないから怖いという考えを少しでも和らげていくことです。お化け屋敷は、怖い幽霊が待っていると思うから怖いのです。私たちがお金を投資する金融市場は、ときには上がったり下がったりと曲がりくねって動きますが、長い目で見た到達点は価格が上昇した山の頂上にあります。もちろん、その長い道のりでは紆余曲折があり怖い幽霊がいるかもしれませんが、その先には最終到達点がある、このことさえ理解しておけば大丈夫です。

●投資のリスクは日常のリスクとは違う

多くの人は、投資と言えば価格が動くので、価格が下がれば損をしてしまうかもしれない、だから怖いものと思っているようです。ただ、第１章「投資の知識がなくても資産形成はできる」で簡単に触れたように、長期で投資をすることは、そういった影響を通り越して、長い目でみると成長する経済から恩恵を受けるものです。しかし、それだけでは納得いかない人もいるかもしれませんね。投資の話をするときにはリスクという言葉を用います。投資信託の目論見書でも、どういったリスクがあるのか記載されています。この言葉があるだけで、危険を感じて不安になってしまう人もいます。

金融庁のアンケート結果においても、「リスクが怖いから」との回答が上位に位置していました。まず、この点を整理し不安を解消しなければ、投資に一歩踏み出す気にはならないでしょう。

一般的に私たちがリスクと聞けば、すごく危険な臭いがします。それは当たり前のことで、日常生活でリスクと言えば、たとえば「交通事故の多い交差点はリスクが高い」とか、「外国では夜は知らない場所には出歩かない」といった表現で用います。この場合のリスクは、「そういうことをすれば事故に遭う＝損傷を負う可能性が高い、もしもの場合には命の危険までも……」と受け止めます。このように、日常において大きなマイナスの影響を受ける可能性のことをリスク（この場合には危険）と呼んでいます。このリスクを冒してまで危険な交差点に立ち入るメリットはありません。また、外国の知らない町で夜に一人で出歩いて事件に巻き込まれても、「どうしてそんな危険なところに一人で行ってしまったの？」と自己責任を問われるくらいです。だから、日常生活においては、リスクはできるだけ避けるべきもの、近寄らない対象とされます。この目線でリスクという言葉を真に受けてしまうと、投資のリスクと聞けばかなり危険なものと身構えてしまう

【図表3－2】日常のリスクと投資におけるリスクの違い

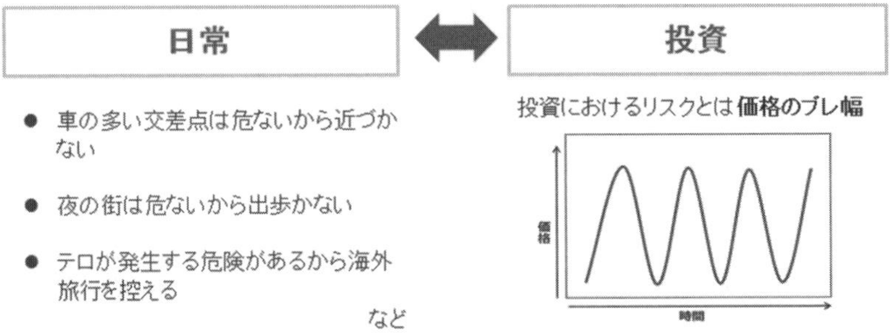

日常
投資
● 車の多い交差点は危ないから近づかない
● 夜の街は危ないから出歩かない
● テロが発生する危険があるから海外旅行を控える
など
投資におけるリスクとは価格のブレ幅
価格
時間

のも仕方がないことでしょう。

もちろん、投資でもリスクは損をする可能性としても用いますが、投資におけるリスクはかなりニュアンスが異なります。投資でリスクと言えば、一般的には、投資する対象の価格の振れ幅の「大きさ」を意味します。価格の動きが小さければ「リスクが小さい」、価格の動きが大きければ「リスクが大きい」と言います（図表3－2）。

ここで大切なポイントは、価格の振れ幅なので、上昇もあれば下落もある点です。そして、価格が上がる可能性（確率）と下がる可能性は同じです。仮に価格が下がれば損失になりますが、逆に価格が上がれば収益を得ることができます。このように、金融市場において取引される株式や債券では、リスクが高いことは必ずしも損失だけが発生することを指しているのではありません。同じだけ利益を得る可能性も高くなります。だから、「リスク＝

【図表3－3】価格が上がっても下がってもリスクは同じ

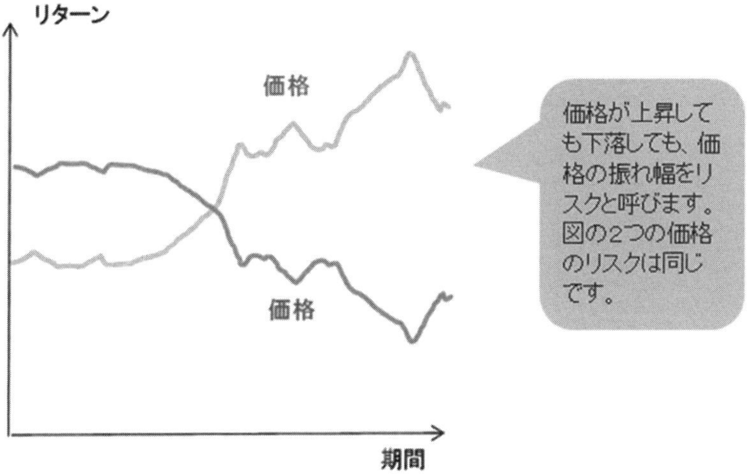

悪者」と単純には捉えません。

日常生活においては、交通事故の多い交差点では損害（＝損失）を受ける可能性が高まりますが、その危険の高まりに応じてポイントがつく、なんてことは絶対にありませんよね。一方で、投資のリスクは、受け入れることによって収益を得る（ポイントがつく）ものです。

図表3－3を見てください。この図の２つの曲線は、価格が上昇したものと価格が下落した同じ図形を上下にひっくり返して掲載しています。ここで２つの曲線が示す「価格変動の大きさ＝リスクの大きさ」は同じです。このように、価格が上がることも下がることもある投資において、リスクはその振れ幅の大きさを指

しています。上昇している図形もリスクは高いのです。

投資におけるリスクとは、不確実性を示すものとして理解したほうがよいでしょう。価格が大きく動くことは、それだけ将来の収益の不確実性が増します。それをリスクと呼ぶのです。この点の理解は大変に重要です。

私たちが資産形成のために投資する資産である株式や債券は、経済動向や政策などによって価格が動きますが、その価格の振れ幅が大きければ、高い収益（リターン）が期待できます。つまり、価格が動くというリスクを受け入れることで収益を得られるのが投資です。仮にあなたが大きなリスクを取ることができれば、それだけ大きな収益の機会を得ることにもなるのです。世の中にうまい話が無いように、投資の世界においてもリスクが小さくて収益だけが高いものはありません。リスクの大きさと収益機会の大きさは背中合わせの関係にあるからです。

逆に言えば、損失のリスクが小さいにもかかわらず安定した収益があげられるといったセールストークは、詐欺まがいと考えたほうがいいでしょう。こういったことは古今東西において何度もありました。記憶に新しいものでは、牛に投資をして高い利回りが得られると唱えた「あぐら牧場事件」があります。また近年では、健康食品会社への出資が返済されず、問題になりましたよね。

投資の世界に限らず、身近な世界でも、公務員や大企業で働けば収入は安定していますが莫大な財産は築けません。その一方でベンチャー企業はリスクもありますが大きな報酬を得る可能性もあります。このようなイメージです。

●みんなが収益を得られるのが資産形成

でも、これだけであれば、価格が上がるかもしれないけれど下がるかもしれないものにお金を預けることに過ぎません。収益が得られるかどうかは運次第になってしまいます。ここで大切なのが、私たちが資産形成で対象とする株式や債券といった資産は、それ自体に収益性があることです。収益性とは、順調にいけば、時間の経過とともに収益を得られる性質です。収益が株価に反映する株式のケースでは、経済活動に伴って企業の収益が増加し価格（株価）が上がることを意味します。１企業だけを見れば、よくなる場合もあれば伸び悩む場合もあるでしょう。でも、全体で捉えると、長期間における経済の成長に伴い、企業全体の収益も増加します。よく、「日本の経済成長率は２％」とか「世界経済は３％」といったニュースを目にしますが、これが10年間続けば20%、30%を超える経済の拡大になります。それにより、経済に深く関わる企業の収益も全体では増え、株価も上昇するのです。

これは、為替取引（FX）や競馬、宝くじとはまったく違います。FXや競馬では、儲ける人がいる裏で確実に損をする人がいて、全体でみれば儲けと損の合計はトントンになります。こういう環境を専門的には「ゼロサムの世界」と呼びます。お金のパイ（総量）は増えない（ゼロ）ので、みんなが出しあったお金を参加者同士で取り合う行為です。全員が収益をあげることは期待できないので、安いところで買って高いところで売るように上手に立ち回らないといけません。こういった、パイの増えないゼロサムの世界で収益をあげようとする取引を、ここでは「投機」と呼ぶことにします。

これに対して、資産形成でお金を振り向けるのは「投資」です。株式や債券は、程度の違いこそありますが、経済の成長に伴って、保有している人みなが収益を期待できる資産です。さきほどのFXや競馬などゼロサムの世界に対して、私たちが投資するものは「プラスサムの世界」と呼びます。みんなで出しあったお金（パイ）が増える（プラス）ので、投資をした人はみんなで収益を分かち合うことができるのです（図表3－4）。

この違いは大きいです。別世界と言ってもいいでしょう。さきほど、投資した対象の価格の振れ幅をリスクと言いました。投資した対象の価格が上下に振れながらも、最終的に変化しないのであれば、価格が下がったときに買い、上がったときにタイミングよく売らなければ収益は得られません。それに対して、株式や債券などの資産は、リスクはありながらも、長い目でみると投資した対象の収益が着実に高まっていく、これが長期投資による資産形成の真の価値です。このことが理解できれば、日常生活とは違い、資産形成においては適度なリスクは受け入られることがおわかりいただけるはずです。

人は、理解できないことへの抵抗感や恐怖心は強いです。そも

【図表３－４】投機（ギャンブル）と長期投資の世界の違い

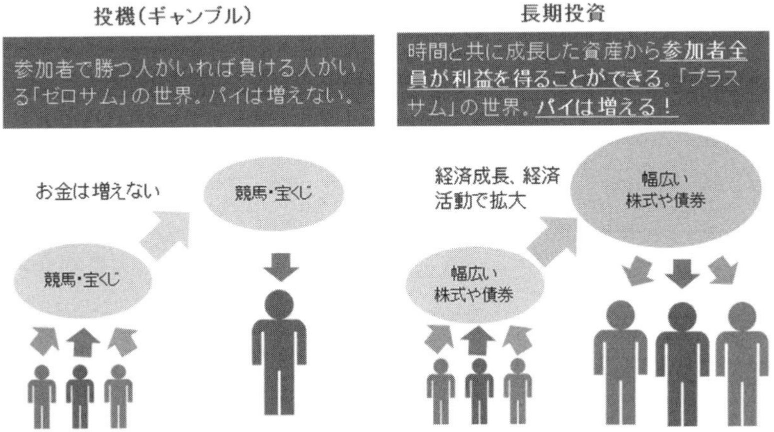

そも、わからないこと（＝自分の気づかない危険が潜んでいるかもしれない）には近づかないことが、私たちが生きていくうえで身を守るための常識でもあります。だから、不安に感じるのは当たり前であって、その不安を解消してあげる必要があるのです。

若くして外国に語学研修に行くのはなぜでしょう？　それは、見ず知らずの国で生活することへの不安（リスク）はありますが、語学を身に付けられるなどの見返り（リターン）があるからですよね。その際に海外生活の不安を取り除いてあげれば、より安心した気持ちで旅立てるはずです。同様に、資産形成は良い面を伝えるとともに不安な面を解消してあげる、この両面を理解してもらうことにより、多くの人が参加できるものになるはずです。

●資産形成にかかる費用は大きく低下している

資産形成をするためにかかる費用にも色々とありますが、投資信託であれば購入時にかかる買い付け手数料と、投資信託を保有する期間にわたってかかり続ける運用管理費用がそれにあたります。特に運用管理費用は長期の資産形成をするうえでは重要です。それは、仮に毎年１％の費用がかかると、30年間では単純計算でも30％の費用にもなるからです。

いまでは、この費用は大きく低下しています。これは、一昔前では考えられないことでした。昔は、投資をするには大きなお金が必要で、かつ、取引をするには高い費用を支払う必要がありました。2000年頃に、ITバブルが崩壊して暴落していた米国のナスダック指数に連動する投資信託を、某大手証券で購入しようとしたときの買い付け手数料はなんと約５％でした。100万円を投資すると、買った瞬間からその場で５万円を元本から差し引かれるのです。また、保有する期間に応じてかかる運用管理費用も約２％でした。買って１年間保有するだけで計７％が元本から差し引かれるのです。すごく高い印象があったので、いまでも鮮明に覚えています。特に、外国の株式や債券に投資するには多くの費用がかかる時代でした。いま同じタイプの投資信託を購入しようとすれば、買い付け手数料は高くても0.5％程度、運用管理費用も0.3％程度です。

たった20年の間に、約10分の１に下がりました。これは、資産形成をする立場からみれば、費用が減ることは実質的に得られる収益がそれだけ多くなることです。つまり、資産形成がより魅力的になったといえるでしょう。

それとともに、投資できる対象も格段に増えました。昔は、新興国の株式は魅力があっても様々な制約から容易には投資できませんでした。それが、最近ではベトナムなどの新興諸国であっても、個人で投資信託やETF（Exchange Traded Funds、上場投資信託）を通じて簡単に投資できる時代になりました。

投資にかかる費用が低くなって多くの資産に投資ができるようになり、少額でも色々な対象に柔軟に投資できるようになりました。これらはすべて、私たちにとって資産形成の魅力を高めるものです。

さきほど、投資と投機の比較で引き合いにした宝くじ、パチンコ、競馬では、正確に言えば、パイが増えないゼロサムの世界ではありません。運営する立場の元締めが、集めたお金から一定額を取り上げます。これも取引のコストです。宝くじでは5割、パチンコでは3割、競馬は2割が元締めの収益金として差し引かれると言われています。たとえば、競馬で3回取引すると、元締めに取り分を差し引かれたあとのパイはどうなるでしょう。0.8×0.8×0.8＝約0.5、つまり、パイは半分になるのです。実際には、競馬で損をした人は追加のお金を投入するので、この計算のようにパイが一気に縮小することはありません。でも、こういった取引のコストを支払うことは、お金が確実に減っていくことに繋がります。宝くじでは5割以上のお金が運営費用として差し引かれます。高額当選への期待があるので単純な確率の計算で物事を語ることはできませんが、1万円を購入したその瞬間から5,000円は運営側に渡ってしまうことになります。しかも、宝くじ、競馬、パチンコなどの元締めの取り分の割合はそれほど低下していないはずです。

生命保険との比較でもお話ししましたが、保険と比べると、投資信託は情報開示が格段に進んでいます。それにより、収益に大きな影響を与える費用の比較が容易になり、インデックス型の投資信託を中心に費用の引き下げが進みました。また、さきほどお話ししたように、金融市場での取引にかかる様々なコストが低下したことも、投資信託の費用の引き下げに繋がっています。費用は収益（リターン）に直接に影響を与えます。たとえば、4％の収益があっても1％の費用がかかれば、私たちが手にする収益は3％になってしまいます（図表3－5）。いまでは、一般的なインデックス型の投資信託であれば、年間0.5％程度かそれ以下の費用で済みます。

こういったことはすべて、私たちにとって魅力的な環境が整ってきていることを意味します。資産形成のために投資信託を通じて投資を行うことは怖いことではなく、また、投資信託の選び方によっては費用も安くてすむのです。

【図表３－５】費用は収益を蝕む

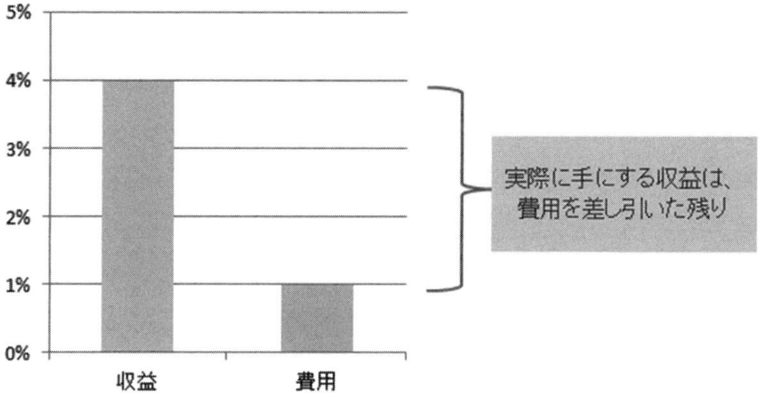

第4章

投資信託は上手に使えば魅力満載

この章では、普段提供されている投資信託が、個人の資産形成において優れた機能を持つ金融商品であること、そして、その機能を活かすにはどのようにしたらよいのかについてお話しします。

具体的にどういうタイプの投資信託が長期の資産形成に向いているのかについて見ていく次の章のための、基礎知識になるものです。

●投資信託の優れた３つの機能

投資信託の起源は、古くはイギリスの産業革命時代に遡ります。

1800年代後半に覇権を握っていたイギリスの富豪が海外に投資するのと同じことを、中産階級にも機会を提供するものとして、資金を集めてスペインや南米の債券に投資したことが起源と言われています。その当時から、イギリスが影響を及ぼしていた世界各国の債券に分散投資していたことも注目されますが、その起源の古さにもビックリです。一般的に個人が銀行に預金し始めるよりも前から投資信託はあったとされています。私たちは、投資信託はなんだかよくわからない代物と思ってしまいますが、かなり古い時代から脈々と生き続けてきた金融商品なのです。

投資信託は個人の資産形成にとって中心的な役割を果たしています。それはどうしてなのでしょう？　投資と言えば、多くの場合、投資信託の話になりますが、そこにはしっかりとした理由があるのです。個人の資産形成に投資信託が向いている理由は主に３つあります。それは、「少額（小口）から投資できること」、「分散投資の機能を持っていること」、そして「プロが運用・管理をしてくれること」です（**図表４－１**）。

通常、株式の個別銘柄に投資するには少なくとも10万円以上は必要ですが、投資信託は、銀行や証券会社を通じて１万円程度の少額から投資を始めることができます。最近はネット証券等では1,000円程度からできる積立型のものもあります。それは、投資信託は多くの人のお金を集めて１つにまとめ、そのまとまったお金をもとに色々な株式などに投資をするから、一人のお金は少なくても成り立つからです。みんながお金を出資したものが１つの

【図表４－１】投資信託が個人の資産形成に向いている理由

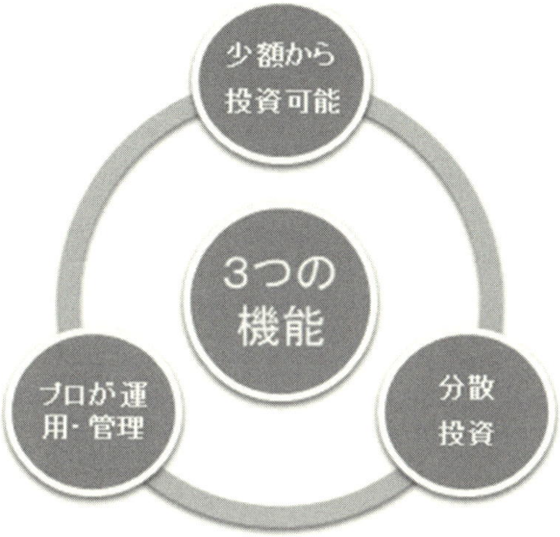

【図表４－２】投資信託は少額で投資でき、収益を分かち合える

かたまりとして運営されているものと考えればよいでしょう。投資信託の器を通じて、その投資から得られた収益もみんなで分かち合うことができるのです（図表４－２）。

また、投資信託は、それ自体が何でも盛ることができる器です。たくさんの株式を組み入れることもできれば、株式や債券、金（ゴールド）を組み入れることも可能です。個別企業の株式を一本の花とすると、投資信託は色々な花を自由に組み合わせてアレンジすることができます。これが分散投資です。一本のバラだけに投資するのではなく、スイレンもあればカスミ草もあるので花束が華やかできれいになります。投資においても、色々な企業の株式を組み入れることで、全体として安定したものになるのです。それにより、特定の企業の影響を和らげることができます。

分散投資の効果について、花の栽培にたとえて確認しましょう。特定の花だけを栽培するのと、複数の花を栽培するのでは、特定の花のほうが効率はいいですよね。肥料も１種類でよいなど手間やお金をかけないで済みます。これに対して複数の花を栽培すると効率性は落ちるかもしれません。しかし、病害虫が発生したときに、１つの花だけだとすべてがやられてしまいます。それに対して複数の花を栽培しておけば、その影響は限定的な範囲に止まりますよね。もうおわかりのように、複数の花を栽培することが分散投資になります。

一般的に、投資信託では少なくとも数十、多ければ1,000以上の株式（花）を組み入れています（図表４－３）。投資信託を購入することで、私たちはなにもしなくても、多くの企業の株式に分散して投資する機能を得ているのです。投資の知識や経験が少ない初心者にとって、向いている金融商品と言われる理由の１つです。

投資信託の特徴である、少額（小口）で、分散投資のメリット

【図表４－３】投資信託はなんでも盛れる器

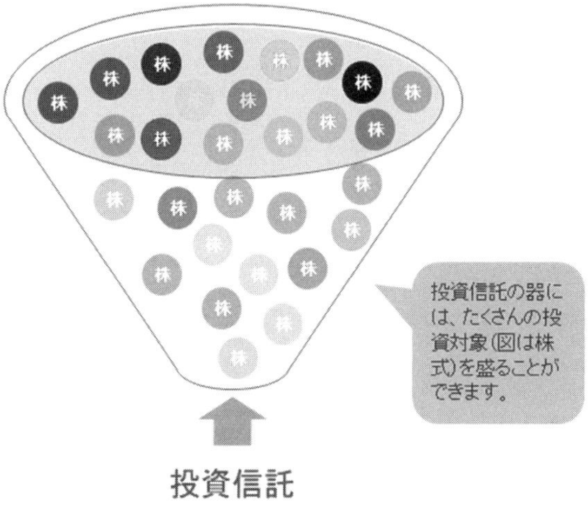

投資信託の器には、たくさんの投資対象（図は株式）を盛ることができます。
投資信託

を得られることは大いに魅力的です。日本の東京証券取引所に上場している株式だけでも2,000を上回ります。世界でみればもっと多いのです。実際にすべての株式を少しずつでも買おうとすれば、すごい手間と金額が必要になりますよね。投資信託の特徴を表現する際に、よく「世界の株式に投資するのと同じ効果をたった１万円で行うことができる」という説明をされます。長らく投資の世界に身を置いてきた私からみてもこの効果は絶大です。私が仕事で運用を行っていた数十年前は、外国の株式は企業の年金のような大きなお金がなければ投資をすることはできませんでした。それを、個人が少額で行うことができるのです。このことは多くの本でも謳われているので今さらという感もありますが、

1万円程度のお金で分散投資の効果を享受できる身近な金融商品であることが、個人の資産形成にとって投資信託が真に優れているところです。

加えて、投資信託は信用できる会社が運営・管理し、その会社に所属するファンドマネジャーと呼ばれるプロが運用をしてくれます。私たちが自分でお金を株式に投資しようと思っても、簡単にはできません。調べる時間もなければ、専門の知識もありません。そういった私たちに成り代わって、船頭のようにお金を運用してくれる人がついています。これには、特定の人だけでなく、組織として多くの人が関わっています。株式に投資する投資信託であれば、個々の企業を調査・分析し、企業の経営者と面談するなどして、企業の将来性をチェックするアナリストと呼ばれる人がいます。アナリストの意見も聞きながら、運用を指揮するファンドマネジャーのもとで組織的な運用が行われているのです。信頼できる運用会社によって、投資の専門家がお金の運用・管理を行ってくれるから、安心してお金を託せます。

●長期の積立投資で投資信託の機能を活かす

では、こういった投資信託の優れた機能をより良く活用するにはどうすればよいのでしょう？　それは、長期で投資をすること、月々の積立によって購入する積立投資を行うこと、そして、得られる収益を再投資することです。

お金持ちでない限り、資産形成と言えば、まとまったお金をドンといきなり運用するのではなくて、月々に数万円ずつ貯蓄するように投資にまわすのが、一般的な姿でしょう。

投資信託はそれにうってつけです。少額から投資できるので、月々のお金をコツコツと蓄えることができます。財形貯蓄や生命保険への掛け金と同じ感覚です。しかも、継続的に積み立てることは、価格が高いときも低いときも淡々と投資することになります。これが投資においては意外と有効な効果をもたらしてくれるのです。

私たちは合理的に行動できる生き物ではありません。価格が上昇するともっと儲かりそうな気がして買いたくなり、価格が下落すると怖くなって投資したくなくなります。積立による定期的な投資は、こういった人間心理によるマイナスの影響を抑えることができます。投資は価格の低いときに買うに越したことはありません。機械的に積立投資をすることにより、怖くて買いづらいときでも投資をしてくれます。また、高いところで一度に買ってしまうことも避けられます（図表４－４）。

さらに、定額で積立を行うことは、ドルコスト平均法による効果も得られます。これは少々難しいものですが、積立を行う効果としてぜひ知っておいてもらいたいのでお話ししておきましょう。

ドルコスト平均法とは、月々に３万円ずつというように定額で積立を行うと、価格が低いときにはたくさんの数量を買え、価格が高いときには買う数量が抑えられるので、トータルでみると投

【図表４－４】時間分散のイメージ

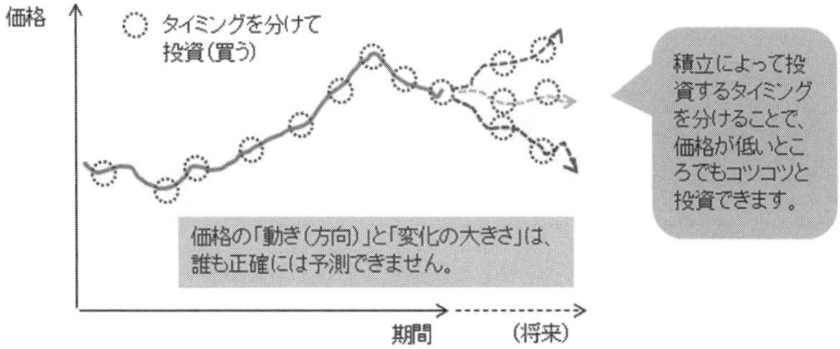

資の効率（平均的な買い入れ単価が低くなる）がよくなることを指します。たとえば月々３万円の積立だと、投資する対象の価格が１万円の時は３単位購入できて、5,000円の時は６単位も購入できます。逆に２万円の時は1.5単位しか購入しません。価格が低いときほどたくさんの数量を購入していますよね。これをトータルでならしてみると、平均的に１単位ずつ購入するよりも低い価格で購入できることになります。このような効果も積立では期待できるのです。

積立によって、投資するタイミングを分け（これを専門的には「時間分散」と言います）、投資信託を通じて投資する対象を分散（分散投資）することにより、価格変動の影響を和らげることができます。これは、投資初心者にとってはありがたいことです。長期になるほど、価格が大きく変わることもあるので、積み立てによる投資の効果が高まることが期待できます。

【図表４－５】決算回数別のファンド数

決算回数	ファンド数	残高（億円）
年１回	2,394	233,458
年２回（半年ごと）	1,111	81,592
年４回（四半期ごと）	288	20,359
年６回（２ヵ月ごと）	75	9,011
年１２回（毎月）	1,400	239,726

年１回 → 再投資の機能を活かすタイプ

年２回～年１２回 → 投資信託から分配金を払い出すタイプ

投資信託の中にも、再投資の機能を活かすタイプと、それよりも収益を分配金で払い出すことを重視するタイプがあります。
長期投資には、再投資の機能を活かす「年１回」決算型が向いています。

出所：三菱アセット・ブレインズ

●投資信託は再投資機能による複利効果を持っている

　また、投資信託は複利効果の機能も持ち合わせています。株式の配当や債券の金利利息とは異なるのですが、投資信託には分配金というものがあり、投資信託による金利利息や配当金、値上がり益などの収益の一部を決算期に投資家に払い出します。この分配金を払い出さないで投資信託のなかで再投資して運用することで複利効果が生まれます。しかしながら、投資信託の購入は高齢者層が多く、分配金として払い出されるお金を預金利息の感覚でおこづかいとして楽しみにしている人がたくさんいたため、再投資して複利効果を活かすよりも、むしろ決算の度に多くの分配金を払い出す投資信託が人気でした（図表４－５）。

一般的には、決算回数が多いほど、それによって頻繁に分配金を払い出すことを目的にしています。年12回（毎月）は、分配金を頻度高く支払うために毎月決算を行うタイプです。また、年6回（2ヵ月ごと）は、主に隔月に支払われる年金を補完するために、年金が支払われない月に分配金を払い出すタイプです。こういったタイプの投資信託が人気を博し、6割以上のお金は、再投資を行わないタイプの投資信託に振り向けられていました。

しかし、NISAやつみたてNISAによって、この効果が見直されています。投資信託は、企業の決算と同じく、毎年1度は決算を行う必要があります。年1回タイプは最低限の決算を行うもので、分配金は払い出さずに収益を再投資するタイプが中心です。最近は、この年1回タイプの残高が増えてきています。分配金を支払うことは、再投資が行われないだけでなく、分配するたびに収益部分には税金がかかります。非課税制度の利用が進むにつれて、払い出して課税されることなく再投資することへの意識が高まっているのです。

株式も債券も、投資信託を通じて投資しないと、配当や利息は原則としてその都度、投資した人に払われます。ETFにもその機能はありません。それに対して、投資信託で分配金を再投資するタイプを選べば、投資信託が得た配当や金利利息は投資信託のなかで再運用されます。

現在は金利水準が低いので、配当や金利利息の複利効果はわずかに感じるかもしれませんが、実はそうとも言い切れません。

大切なことは、配当や金利利息だけでなく、投資した対象の価格が上昇することも、複利効果としてプラスに働くことです。これは、投資に携わっている人には当たり前のことですが、一般には見落とされることもあります。「超低金利だから複利効果なんてほとんどないでしょ……」という会話がされているかもしれません。銀行預金には金利しかありませんが、投資信託は違います。この効果について例を用いて確認しましょう。

たとえば価格が毎年３％成長したとすれば、複利計算では20年間の利子は81％になります。これは複利でないケースの60％（３％×20年間）と比べると21％の違いになります。この差は利回りや価格の上昇が高くなればなるほど大きくなります。投資対象の価格が長期的に上昇することを想定して投資を行うのであれば、その効果をみすみす逃すのはもったいない話です。過度に分配金を払い出すことは、この効果を減らします。

図表４－６は、３％を再投資して20年間の運用を行った場合と、３％を再投資せずに分配金として毎年払い出した場合、また、価格上昇分の３％を上回る６％を払い出した場合の効果を示しています。

ワインでも、時間をかけて蔵で寝かすことによって、価値があるものほど味が深まっていきますよね。ボジョレーヌーボーのように、早く飲むことを前提にしたフルーティで飲みやすいワインもありますが、深味はありません。長い期間熟成させる価値がある良質のワインほど時間とともに価値が高まるのです。再投資も

【図表４－６】長期投資と再投資による複利の効果（20年間投資した場合）

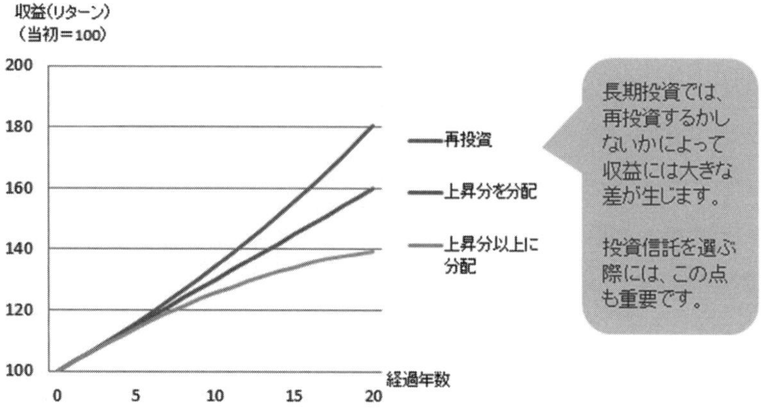

このようなものです。熟成させることによって多くの収益（リターン）を得ることができるのです。

投資信託はそれ自体に、少額で投資でき、分散投資を備えていて、プロが運用してくれるという優れた機能を有しています。さらに、長期で投資することによって積み立てや再投資の効果をより高めてくれます。このように、個人が長期の資産形成をするにあたって、すごく利用価値の高い金融商品です。また、こういった特徴を活かした投資信託を選ぶべきです。

●費用は確実に収益を蝕む

機能性の高い投資信託ですが、注意すべき点は費用です。第３

章で、投資にかかる費用水準は以前に比べて大きく低下しているとお話ししました。ただ、個々の投資信託によって費用水準は違いがあります。資産形成は10年単位で行うものです。保有する限りかかり続ける運用管理費用（信託報酬）の影響は大きいため、意識を払う必要があります。投資信託にかかる運用費用は、どんなに高くても年に２％程度ですが、たった１％の費用でも、30歳からの資産形成で60歳まで30年間では単純計算で30％にもなります。低く抑えるに越したことはありません。

費用は、いま計算したように、費用×年数と考えてしまいがちです。でも、本当はそれだけではありません。これは専門家でも気づかない人がいるくらいなのですが、費用がさらに収益のロスを生むのです。

具体的な例をみてみましょう。図表４－７は、実際に1995年から2015年までの20年間、毎年１万円ずつを日経平均株価に積み立て投資をした場合の費用の影響を示したものです。しばらく低迷していた株価もアベノミクスで息を吹き返しました。株価が低迷した時期にコツコツと積み立てを続けたことで収益をあげられたことは、長期投資と時間分散のお手本のような投資行動です。費用が掛からなければ20万円を積立投資して８万円の収益（40％のリターン）が得られたはずです。しかし、株価が上昇する前に長期にわたって費用がかかっていたことから元本が減ってしまっており、単純に費用×年数分以上にロスが生じていたのです。

少し難しいので、例を用いて説明しましょう。パンの種（元本）

【図表４－７】見かけ上の費用と、その費用の影響によるロス

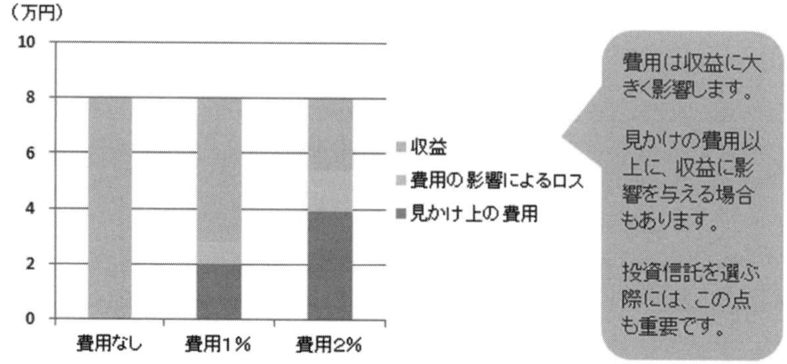

が100あり、イースト菌で発行させると体積が３倍の300になるとします。増えた体積（収益）は200（300－100）です。そのとき、パンを膨らませる前にパンの種（元本）100のうち20（費用）を失うと、残った80が３倍になっても体積は240（収益は240－100＝140）にしかなりませんよね。体積（収益）が60少なくなったうち20は費用にあたり、その他の40（60－20）は、費用が掛かったことにより体積（収益）が増え損なった影響です。図に示した「費用の影響によるロス」はこれに当たります。

投資の教科書や指南書はリスク・リターンなど投資の基本は教えてくれますが、費用については丁寧に解説されていません。それは、費用は投資理論ではなく、実務上のコストだからです。でも、「費用（コスト）を抑える」ことは「投資収益（リターン）を高める」ことと同じような効果を持ちます。投資信託にかかる費用

は、私たちがおサイフから別途払うのではなく、私たちが購入した投資信託の中から少しずつ差し引かれる（それだけ価格が少しずつ下がる）ので実感がないだけに注意が必要です。

投資の費用は一律ではありません。投資信託や個別株式など「投資する商品」によって違い、投資信託のなかでも違います。のちほどお話ししますが、こういったロスを避けるため、私たちが選ぶタイプの投資信託は、費用が低いものを選びます。

費用が高くなるには２つの特徴があります。その１つは複雑な投資信託であること、もう１つはラップ型（定期または適宜のタイミングで資産配分の見直しを行うなど取引を一任する型）など運用する側に色々なことを任せる投資信託です。

その逆に、個人が長期の資産形成を行うには、運用がシンプルで運用管理費用が低いインデックス型（日経平均株価や東証株価指数などの指数と同じ値動きをするよう設計された型）と呼ばれる運用スタイルの投資信託を選ぶことをお勧めします。最近は、主にネット販売向けに費用の低い投資信託が相次いで設定されています。のちほど具体的な資産形成の姿を提示しますが、その際も、インデックス型の投資信託の利用を前提にしています。

最後に、いままでのことを整理しておきましょう。投資信託には、個人が投資するにあたって便利な特徴があります。そして、その特徴を活かす方法があります。それは、投資の仕方として意識すればよいものと、そのために選ぶ投資信託によって違いがあるものとがあります。

【図表4－8】投資信託の特徴を活かす

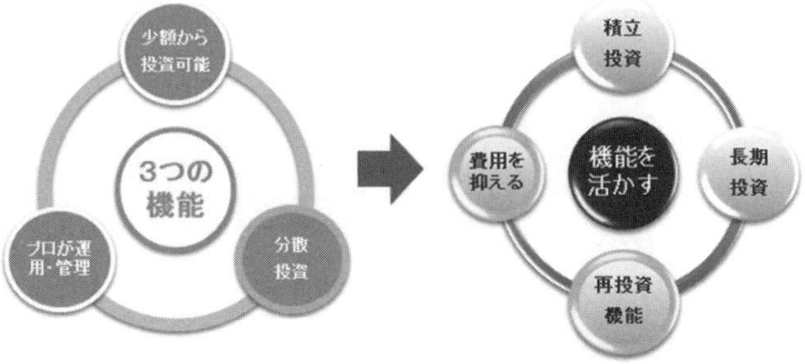

図表4－8の中で、外枠に色を付けていないものは、主に投資の仕方に関係するものです。例えば、「少額から投資可能」である特徴を活かして積立投資をすることや長期投資をすることは投資信託の特徴を活かす方法です。プロが運用・管理してくれるものも、投資信託についてくる特徴です。

外枠に色を付している分散投資や再投資機能を活かすことは、投資信託に備わっている機能ですが、個々の投資信託の選び方によって、幅広く投資しているものもあればかなり限定した投資対象に絞り込んでいるものもあります。再投資機能も、それを活かした投資信託もあれば、毎月に分配金を支払い再投資機能を使わないものもあります。費用についても、低い費用のインデックス型の投資信託もあれば、相対的に費用の高い投資信託もあります。このように、これらについては選ぶ投資信託によって差異があります。

長期投資の資産形成を行うには、投資の仕方とともに、それに向いた投資信託を選ぶことです。そのためには、外国の株式に幅広く投資する、費用の低いインデックス型の投資信託を選べばよいのですが、次章では、それがどうして、長期の資産形成に向いた投資信託なのか、そして、具体的にどのように選べばよいのかお話しします。

第5章

長期の資産形成に合った投資信託はこれ！

たくさんの投資信託の中から、自分の資産形成にあった投資信託を見つけるのは大変ですよね。多くの人はここで悩んでしまいます。でも、積み立てによる長期の資産形成に適した投資信託を選ぶのは難しいことではありません。それは、20年とか30年を見据えるのであれば、１つには高い収益性が見込まれる株式中心に投資をしておけば良いからです。もう１つのポイントは、費用の低いインデックス型のファンドにすることです。

ここでは、これらの投資信託がどうして長期の資産形成に向いているのか？　また、それは具体的にはどのタイプの投資信託かという点についてお話しします。

●どうして投資信託はこれほどたくさんあるの？

投資信託は、前述の通り2018年現在で5,000ファンドを超えています。どうしてこれほどまでにたくさんの投資信託が販売されているのでしょう。東京証券取引所１部に上場している日本の企業でも2,000社強ですから、これらの企業数よりも多いことになります。ただ、そのなかから長期の資産形成に適しているファンドを選ぶことは、実はそれほど難しいことではありません。

その前に、なぜ投資信託がこれほど多いのか、代表的な理由を紹介しておきましょう。投資信託は、本書でお話しする長期の資産形成のためだけのものではありません。色々な投資目的に合わせて投資信託が作られてきたので、これほど多くなってしまったのです。それは、裏を返せば、それだけ多くの投資目的を持った人がいることの証でもあります。

投資をしたことがなくて本書を読まれる人には少し難しいかもしれませんが、たとえば、米国の企業に投資したい人もいます。そういう人が多いと、米国株式に投資する投資信託が作られます。そのなかでも最先端企業だけに絞って投資したい人が増えそうとなれば、米国のシリコンバレー企業だけに投資する投資信託が作られます。

そうかと思えば、インドのように、将来性が見込まれる国に投資してみたい人もいるでしょう。そのニーズに応えるために、インド株式やインドネシア株式、また、それらを網羅したアジア諸

【図表５－１】販売されている投資信託の数と残高

	ファンド数	残高（兆円）
日本株式	825	10.0
先進国株式	848	13.7
新興国株式	355	3.7
日本債券	291	2.3
先進国債券	816	7.3
高金利債券	316	2.8
新興国債券	307	2.0
リート	392	7.5
バランス型	926	8.6
その他	192	0.7
合計	5,268	58.4

> 投資信託は、これほどたくさんあります。
>
> それぞれ、投資の目的やニーズに合わせて作られています。

出所：三菱アセット・ブレインズ

国の株式に投資する投資信託が提供されます。

また、株式ではなく、債券に投資することで、大きな価格の上昇は見込まなくても、安定した金利利息を求める人もいます。経済が安定した先進国の債券に投資する投資信託もあれば、経済は少し不安定でもより高い金利が得られるトルコなどの新興国に投資する投資信託も作られます。

これらはほんの一例にすぎません。あらゆる投資のニーズに応えられるのが投資信託なので、ニーズに対して様々なタイプの投資信託が作られ、これほどの数になったのです。私が所属する三菱アセット・ブレインズでは、それらの投資信託を一定のルールで分類しているのですが、投資する対象別に主だった大分類でファンド数とお金の残高を示すと図表５－１のようになります。

もちろん、作られた投資信託はそのまま放置されるわけではありません。人気がなくなったものや、使命を終えたものは償還されてなくなります。その意味では、たくさんのタイプの投資信託が存在するということは、多種多様なニーズが投資の世界には存在することでもあります。

投資信託はあらゆる投資のニーズに応えられると言いましたが、それは、投資信託は株式や債券といった金融資産を組み入れることができる器だからです。第4章では分散投資を花にたとえましたが、ここでは、料理を盛ることができるお皿に例えましょう。

料理の器は、和食も中華も洋食も盛ることができますよね。場合によっては、和洋折衷やラーメン餃子のように色々な組み合わせもできます。ここで言う和食を日本の株式、中華を中国などの新興国の株式、洋食を欧米の株式としてイメージしてみてください。和洋折衷は、日本と欧米の株式を両方組み入れたようなものです。このように、投資信託は色々な投資対象を組み入れることができる器です。そのため、投資の様々なニーズに応えることができるのです。

また、投資信託は運用会社が作って運用するものですが、運用会社の数が多ければ、それだけ投資信託の数も増えることになります。日本には数十の運用会社があるので、投資信託の数もそれだけ増えます。そのなかには、各社で似たような投資信託もたくさんあります。たとえば、世界の株式に投資する投資信託を20社が作れば、それだけで20ファンドになりますよね。株式であれば企業につき１銘柄しかなく、日本の株式であればどの証券会社を通じても取引できるのに対して、投資信託は運用会社ごとに作られ、それを販売する銀行や証券会社も決まっています。そのために似たような投資信託が複製されて、数が多くなるのです。

でも、ご安心ください。私たちが求める資産形成に向いている投資信託は、それらのなかでも非常にシンプルでスタンダードなものなので、どの運用会社でも作っているタイプであり、どの金融機関でも販売されています。だから、誰でもどこでも購入することができます。

●資産形成に合った投資信託の選び方は

いままでの各章を通じて、資産形成における長期投資はどういうものか、そして、個人が資産形成をするには投資信託の特徴を活かすことが大切であることをお伝えしました。これらはすべて、これからお話しする、お勧めの投資信託のタイプがなぜ良いかを理解してもらうためのものでもあります。

では、長期の資産形成に合った投資信託とはどういうものなのでしょう？　細かく考えれば色々とありますが、主なポイントは２つです。それは、「①どういう対象に投資するタイプ」なのか、そして、「②どのような運用をするタイプ」なのかです。

最初の「①どういう対象に投資するタイプ」が向いているのか？　20年や30年といった長期で資産形成をすることができる人

にとっては、世界の株式に投資する投資信託を選べば良いでしょう。この一言です。世界の株式に投資をすることは、世界経済の成長から恩恵を受けることになります。そこには、できるだけ広い国々の企業も入っているほうが望ましいでしょう。なぜこのタイプの投資信託が長期の資産形成に向いているのか？　その理由は３点です。

■高い収益性が期待できる

株式は、私たちが普通に投資できる資産のなかで、長期間で見た場合に、収益性が最も高い資産だからです。

■分散投資ができている

個人の資産形成で押さえるべきポイントの１つ、そして、投資信託の特徴でもある分散投資の効果を活かすためには、幅広く多くの国・地域に投資するタイプが向いているからです。

■積立による長期投資に適している

株式は収益性が高い一方で価格も大きく動きますが、積立投資にすることで、価格が下がったときもコツコツ投資できるからです。また、長期であれば、価格の変動があっても、最終的に高い収益性を得られます。つまり、長期の積立投資は、株式で気にかかる、価格変動も味方になるからです。

【図表５－２】世界の株式に長期投資をした場合の収益率

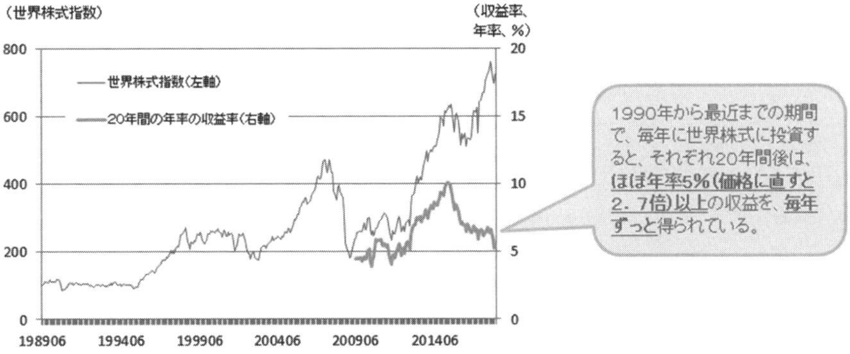

出所：ブルームバーグより作成

これらについて補足をしましょう。第２章でお話ししましたが、株式は、預金や債券、不動産、金など、私たちが投資できる資産のなかで、最も収益性の高い資産です。本書では、それを、過去における価格の動きを用いてお示ししました。例えば、米国株式の価格は過去40年間では10倍以上になっています。また、世界の株式に20年間の長期投資をすると、1989年から投資した場合には常に毎年、年率５％の収益（20年間では約2.7倍）が得られています。これほどの収益を長期で安定的に得ることができているのは株式だけです（図表５－２）。

ちなみに、最近20年間における、主要な金融資産である日本の債券、外国の債券、日本の株式、そして外国の株式の収益性について見ておきましょう。外国株式はリーマンショックを跨いでも

【図表5－3】主要な資産の収益性の比較

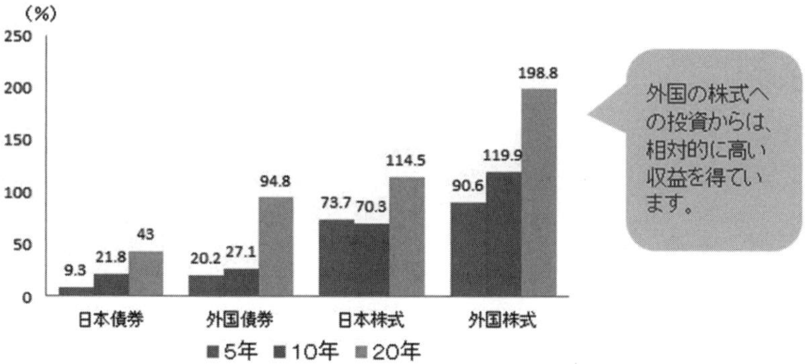

出所：三菱アセット・ブレインズ

かなりの収益が得られていたことがわかります（図表5－3）。

実際に高い収益性を示している株式ですが、どうしてなのでしょう。これには色々な説明の仕方がありますが、平たくお話しすれば、経済全体のなかで、企業が収益を増やす機能が高いからです。

なぜ株式は高い収益性があるのでしょう？　企業は、債券による借り入れなども用いながら、（自己）資本である株主のために収益をあげることを目指す仕組みになっています。だから、企業全体で見ると、経済活動全体のなかで相対的に高い収益を得られます。それによって、株式の収益性は債券や不動産よりも高いのです。数百年も長らく続く資本主義の時代において、この仕組みによって、株式による収益は高い成果を残し続けてきたと言われています。今後もこの仕組みが続く限りは、他の資産と比べて、株式の高い収益性は変わらないでしょう。

次に、分散投資です。第４章で、投資信託の特徴の１つに、少額でも分散投資ができることをお話ししました。外国の国・地域に幅広く投資するタイプであれば、特定の国などの影響を和らげることができます。世界経済はグローバル化によって密接に結びついていますが、各国が同じような経済状況ではありません。例えば、日本が20年近くも長期デフレに陥った時期も、米国をはじめとした海外の国々は全体でみれば着実に成長を続けました。特定の国・地域に偏らず、世界全体の動きに近くなるように投資することで、安定的な成長から収益を得ることができます。

３点目は、私たちが行う、月々に一定の金額を積み立てる長期投資は、価格の変動に強いことです。特に、積立投資と長期投資をセットにすると最強になります。積立投資は価格が上がっても下がってもコツコツと定期的に投資をするものですよね。これは、裏を返せば、価格がよく動く、大きく動く対象の方が、低い価格になったときも淡々と投資をするので、その効果を発揮します。

また、毎月１万円とか２万円といった定額で積立を行うことは、ドルコスト平均法の効果により、価格が下がったときにより多くの単位数を購入できるので、結果的に動いた価格の平均的な値よりも低い価格で購入できることになります。

しかも、長期投資であれば、そういった価格の変動を通り越して、最終的に、投資する株式の高い収益性を享受する可能性が高まります。

このように、積立による長期投資ができることは、価格の変動も大きいけれど収益性も高い株式のような資産への投資に適しているのです。これらを兼ね備えているのが、世界の株式に幅広く投資することになります。

●長期の資産形成にはインデックス型が向いている

次に「②どのような運用をするタイプ」がいいのか？　それはインデックス型と呼ばれている投資信託が基本です。ここで、インデックス型投資信託とアクティブ型（市場平均よりも高いリターンを目指し、銘柄選択や投資手法などを独自に組み合わせた型）の投資信託の違いと、なぜ、インデックス型が良いのかについてお話しします。さきほどと同じように、結論を先に示しておきましょう。

■費用水準が低い

インデックス型の投資信託は、長期投資において収益に影響する「費用」を抑えられます。

■どの投資信託でも同程度の収益性

アクティブ型の投資信託は、ファンドによって収益性に違いがありますが、インデックス型は似通って安定しているので、どれを選んでも安心です。また、全体の平均としてもインデックス型のほうが収益性が高いです。

■分散投資がなされている

投資信託には分散投資の機能が備わっていますが、インデックス型はアクティブ型よりも広範に数多くの銘柄を組み入れるのが一般的で、最も分散投資が行われています。

■再投資機能が活かされている

インデックス型は、そのほとんどが年１回決算による再投資の運用が行われているので、複利効果を発揮します。

補足しておきましょう。インデックス型とは、投資する資産を代表する動きと同じような収益を目指した投資信託です。たとえば、日本株式だと、ニュースでもよく耳にする、東証株価指数（TOPIX）がそれに当たります。このTOPIXと同じ価格の動きを目指します。実際にも、ほぼ同じ動きをします。同様に世界の株式に投資する指数もあります。世界の株式の動きを代表する指数に連動する動きを目指す投資信託は、その指数と同じ動きをする投資信託です。

それに対して、アクティブ型の投資信託は、その指数を上回る投資の成果を得ようとするものです。日本株式であれば、さきほどのTOPIXに代表される全体の動きよりも、よりよい収益を目指して運用するものです。ただ、確実に上回る成果を得られるとは限りません。あくまで、上回ることを目標とした投資信託です。投資信託全体のなかでアクティブ型は８割近くを占めています。

どちらも良い感じがしますよね。確実に同じような動きを目指す投資信託と、それを上回る投資成果を目指す投資信託（でも、実際に上回るかどうかはわからない）。しかし、そこには大きな違いがあります。最大の違いは費用です。世界株式と同じような動きを目指すインデックス型投資信託は、上回る成果を目指す必要がないので、代表的な動きと同じような銘柄を似たような割合で保有しておけば済みます。そこに、余計な負担はかかりません。一方で、アクティブ型の投資信託は、代表的な動きを上回る投資成果を目指すために、企業の調査・分析を行い、どのような銘柄を組み入れるのか検討します。これらの負担は投資信託を運用する費用に上乗せされます。そのため、世界の株式と同じような動きをするインデックス型であれば低い費用で済みますが、その動きを上回ろうとするアクティブ型は、相対的に費用が高くなってしまいます（図表５－４）。

実際に数値を見てみましょう。図における小さな点は個々の投資信託です。アクティブ型の費用は高いものから低いものまで幅広く存在することが見て取れます。ただ、全体で見るとインデックス型よりも高い水準にあるものが多いのです。インデックス型とアクティブ型の運用管理費用は、約１％以上の開きがあります。これは、20年間では単純計算でも20％になります。そうであれば、長期の資産形成を行う場合には費用の低いインデックス型で十分と私は考えます。

あなたが家を買う場合を想定しましょう。そのときに、大手住

【図表５－４】アクティブ型とインデックス型の費用の比較

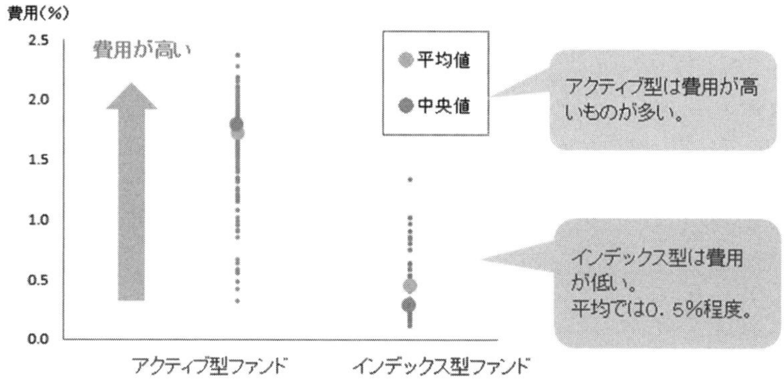

出所：三菱アセット・ブレインズ

宅メーカーの建て売りで、なんのオプションもつけなければ安く買うことができますよね。そのときに、間仕切りや吹き抜け空間を設けるなどの注文をつけると、仕様が変わってくるので高くなります。このように、お金や負担をかけないで運用するのがインデックス型であり、より良くしようとして手間暇かけた運用をするのがアクティブ型です。

ここでポイントなのが、高い費用に見合った高い収益が得られればいいのですが、そうとは限らないことです。費用は高いにも関わらず、その成果が得られるかどうか不確実であれば、低い費用で済むインデックス型の投資信託で十分です（図表５－５）。

さきほどの費用の比較の図と同じように、図における小さな点は個々の投資信託です。アクティブ型のファンドでは、収益が高

【図表5－5】アクティブ型とインデックス型の収益性（リターン）の比較

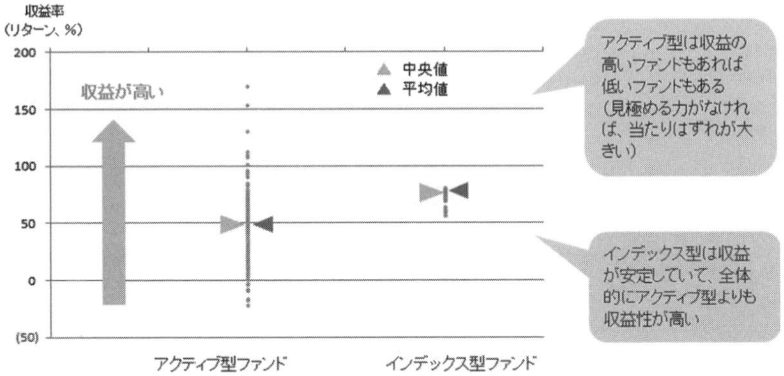

出所：三菱アセット・ブレインズ

いファンドもありますが、高い物から低いものまで幅広く分布しています。これでは、良いファンドを見極める力がなければ当たりはずれも大きいですよね。その一方で、インデックス型では収益は近いものばかりです。どのファンドも株式全体の動きと同じ収益を目指しているので、必然的な結果でもあります。平均的な収益率も高いので、投資の経験が少ない人はインデックス型を選ぶのが無難です。

ただ、誤解のないようにお話ししておきますが、すべての投資においてインデックス型を肯定し、アクティブ型を否定しているのではありません。アクティブ型は、資産の動きとの連動を目指すインデックス型では提供できない、特定の投資目的の投資信託もたくさんあります。たとえば、世界のハイテクやAI（人工知能）

に関連する企業に投資することは、アクティブ型でなければ十分な運用はできません。また、価格の大きな下落だけは避けたい人向けに、市場が下落しそうなときはその影響を抑え、上昇しそうなときにはその恩恵を受けるような運用をすることも、アクティブ型の出番です。投資目的によってはアクティブ型にも魅力はあるのですが、私たちは長期の資産形成を目指しているので、費用の低いインデックス型が向いているのです。

分散投資の観点からみても、インデックス型では1,000以上の企業の株式を組み入れることが一般的です。それに対してアクティブ型は投資する対象を厳選することにより収益を高めようとすることが多いので、銘柄数がグッと少なくなります。インデックス型の方が、投資信託の分散機能をより活かしていると言えます。

投資する対象を幅広く分散することにより、特定の投資対象（株式であれば特定企業の株価）の影響を和らげることができます。例えば、日本株式全体に投資するタイプで幅広く投資をしておけば、仮に大企業１社が倒産するようなことがあっても、全2,000社中の１社にすぎないので、影響は2,000分の１に抑えることができます。

これからお話しする、インデックス型で世界の株式に投資するタイプの投資信託では、1,000社以上の株式が組み入れられているので、嘘みたいな話ですが、そのタイプの投資信託を１つ選ぶだけで、非常に幅広く分散投資ができるのです。世界には４万社以上の企業が上場していると言われています。さすがにこのすべ

【図表5－6】インデックス型は組み入れる銘柄数が多い

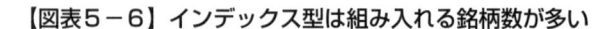

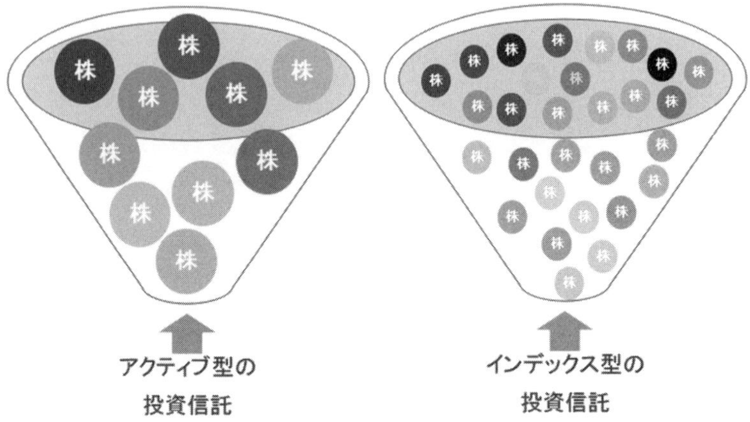

てに投資することはできませんが、投資信託を通じることにより、そのうちの主要な多くの企業の株式に投資できるのです。それも、世界の株式の動きに近くなるような形で保有してくれます（図表5－6）。

また、第４章において、長期投資では収益を再投資して運用することにより複利効果が高まることをお話ししましたが、インデックス型は、そのほとんどが年１回決算で収益の分配を行わずに再投資して運用するタイプです。これも、インデックス型をお勧めする理由の１つです。

第４章では、投資信託の特徴として３つのポイントを挙げました。それは、少額から投資できること、分散投資が行われること、そして、プロ（専門家）による運用と管理が行われることでした。

【図表５－７】世界の株式の幅広い国・地域にインデックス型投資信託で投資するメリット（まとめ）

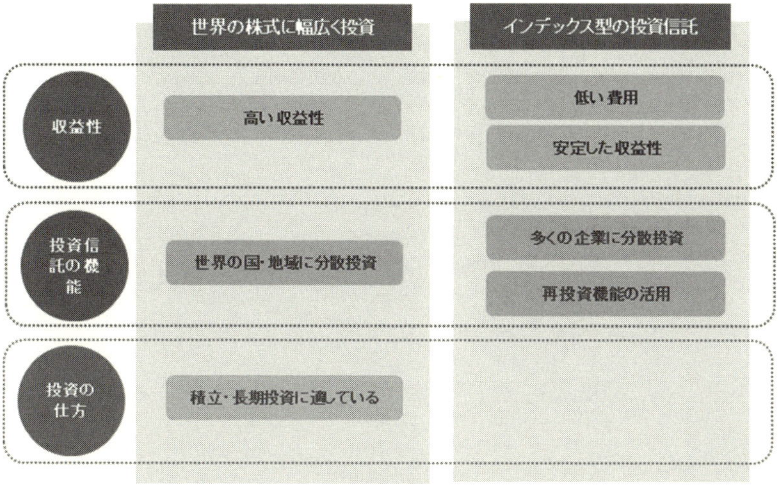

そういった投資信託の機能を活かすものとして、積立による投資、長期投資、再投資機能による効果を説明しました。私たちが資産形成として行おうとしている、積立による長期投資で、世界の株式に幅広く投資する分散投資を効かしたインデックス型の投資信託を選ぶことは、これらのすべてを満たしています。その意味で、資産形成のあるべき姿なのです。

ここまでのポイントを整理しておきましょう（図表５－７）。長期でみた収益性（高い収益、低い費用）が良いこと。投資信託の特徴を活かすポイント（分散投資を最大限に活かし、再投資機能を活用）を十分に満たしていること。株式への投資は、長期の積立投資に向いていることです。また、投資信託を選ぶ際にも、インデックス型であれば、収益性はアクティブ型の平均よりも高く、同じような水準で安定しており、どこの金融機関でも採用しているので、悩まずに選ぶことができます。

お勧めする投資信託のタイプが、長期の資産形成に向いていることがイメージしてもらえたでしょうか？ もちろん、投資の世界に絶対は存在しません。世の中には色々な考え方があります。ただ、シンプルで、かつ、大変に有益な選択肢です。

第6章

具体的な投資信託の見分け方

第５章では、長期の資産形成に適している投資信託として、世界の株式に幅広く投資するタイプについてお話ししました。でも、実際に投資信託を選ぶとなると、そのタイプの投資信託は１つだけではありません。厳密に言えば、投資対象の国・地域の違いによっていくつかのタイプがあります。いざ投資信託を選ぶときに戸惑わないように、具体的な投資信託の見方、選び方を大別してお示しします。

いまからお話しするどのタイプでも、世界経済の成長から恩恵を受けることに違いはないので、この中のどれかのタイプを選べば、投資の狙いに沿っています。最後に、これらの条件を備えた具体的な投資信託のファンド名の一覧を掲載しておきます。

●世界の株式に投資する投資信託

私たちが投資信託を選ぶ際に、実際に世界の株式に幅広く投資するタイプとして販売されているのは主に次の3つのタイプです。まず、圧倒的に多いのが【A】日本を除く米国や欧州、オーストラリアなど外国の先進国（＝日本以外の先進国）に投資するタイプです。次いで、数は減りますが【B】日本を除く先進国と新興国（＝日本以外の世界）の株式に投資するタイプと、【C】日本も含めた全世界に投資するタイプです。最後に、今のところは1つだけになりますが、日本も含めた先進国に投資するタイプがあります。

なぜ、【A】日本を除く外国の先進国に投資するタイプが一番多いのか？　それは、日本に投資する投資信託がたくさんあるので、日本株式にすでに投資している人は重複してしまう兼ね合いで、日本を除いたタイプが外国に投資するものとして多く作られています。これらをすべて図示したのが、図表6－1になります。

この図は、日本を含む先進国と、中国など新興国の株式市場の構成を示したものです。最初に、【A】日本を除く外国の先進国のタイプは太線で囲ったものになります。【B】日本を除く先進国と新興国は、見ての通り、太線（Aの部分）＋新興国の部分を併せたものですね。最後に、【C】日本を含む全世界の株式であ

【図表６－１】株式の国・地域別の市場規模

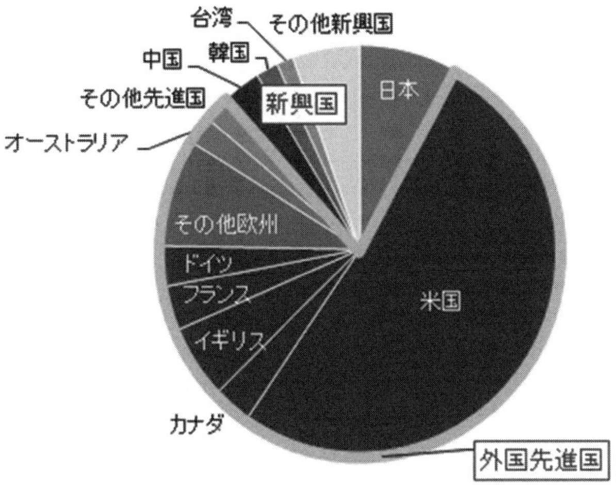

出所：三菱アセット・ブレインズ

れば、図の全体になります。

説明を加えましょう。日本を除いた外国の先進国のタイプは、世界の株式全体の約８割を占めています。そのうち、米国が半分以上を占めていることがわかります。世界１位の経済規模を誇る米国でさえ実際の経済規模はそれほど大きくはないのですが、ディズニーやコカ・コーラなど世界的な企業が数多く存在し、また、アマゾン、グーグルなどこれからの情報社会基盤を支えるような企業が次々と生まれていることを反映して、米国株式は高く評価され、全体における割合も高くなっているのです。最も多く提供されているこの【A】タイプの投資信託でも、世界の株式に投資する目的をある程度は満たしていることがわかります。このタイプの投資信託は59ファンドあり、必ずといってよいほどすべての金融機関で取り扱っています。

これ以外のタイプの投資信託の数はガクッと減ります。【B】タイプ、【C】タイプの投資信託はそれぞれ４つしかないので、お取引の金融機関に必ず用意されているとは限りません。その点はご注意ください。

また、新興国には中国、ロシア、インド、ブラジルなど私たちがニュースなどでよく耳にする国が含まれていますが、株式市場における新興国の割合は意外と小さいです。将来的に高い成長が期待されていますが、世界に通用する企業がそれほど多くないことから小さな割合に止まっています。日本も含めた先進国に加えて新興国までを含めた【C】全世界の株式の投資信託は、世界の代表的な国のほぼすべての株式に投資をするものになります。

●どういった国・地域に投資する投資信託なのか

これらの投資信託を自分で確認する方法は主に３つあります。１つは、目論見書の最初に記載されている「目的・特色」の欄を確認することです。（１）インデックス型のファンドであればファンド名に「○○インデックスファンド」という名前がついているものが多いのですが、そこには、（２）「××に連動します」という表現が記載されています。そのうえで、（３）どういった国

【図表６－２】【Ａ】外国の先進国の株式に投資する投資信託、目論見書の記載例

◯◯外国株式インデックスファンド

> ファンドの特色
>
> 1. 日本を除く主要先進国の株式に投資することにより、MSCIコクサイ・インデックス（配当込み、円換算ベース）に連動する投資成果をめざします。

や地域に投資するのか書いてあります。【Ａ】外国の先進国の株式に投資する投資信託であれば、「日本を除く、海外の主要な国々（先進国）の株式に投資するファンドです」といった主旨が書かれています（図表６－２）。

これは、【Ｂ】日本を除く先進国と新興国に投資する投資信託、また、【Ｃ】全世界の株式に投資する投資信託でも同じです。目論見書の最初を見ると、文章でそのことが確認できます。

【Ｂ】であれば、図表６－３のように記載されています。

【Ｃ】であれば、図表６－４のようになります。

世界の株式に投資するタイプの投資信託のなかで投資する国・地域が【Ａ】、【Ｂ】、【Ｃ】のいずれなのかを確認する２つめの方法は、１つめと比べると少々難しいのですが、いまお示しした目論見書の記載例にあるベンチマークで見分けることができます。ベンチマークとは、投資信託の運用が目指す代表的な指数のことです。たとえば、日本株式に投資する投資信託であれば、日本

【図表6－3】【B】日本を除く先進国と新興国に投資する投資信託、目論見書の記載例

□□全世界株式インデックスファンド

ファンドの特色 1

MSCIオール・カントリー・ワールド・インデックス(除く日本、円換算ベース)と連動する投資成果をめざして運用を行います。

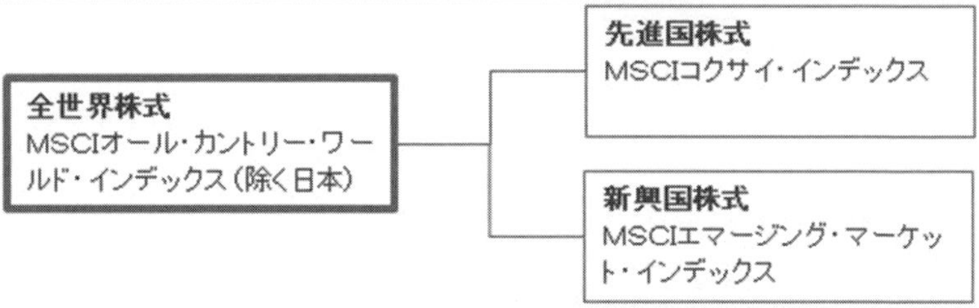

ファンドの特色 2

主として対象インデックスに採用されている、日本を除く先進国並びに新興国の株式等への投資を行います。

【図表6－4】【C】日本を含む全世界に投資する投資信託、目論見書の記載例

△△全世界株式インデックスファンド

ファンドの特色

1．日本を含む全世界の株式市場の動きに連動する投資成果を目指します。

●マザーファンド受益証券を通じて、FTSEグローバル・オールキャップ・インデックス(円換算ベース)に連動する投資成果を目指します。

株式の動きを代表する日経平均株価とかTOPIX（東証株価指数）がそれに当たります。日経平均株価など、日本の指数であれば毎日ニュースで流れているのでピンとくると思いますが、外国の株式の指数になれば、ほとんどの人は馴染みがないと思います。

これも、それぞれに最も代表的な指数を示しておきましょう。

■日本を除く、外国の先進国の株式を代表する指数【A】

・MSCI－コクサイ（KOKUSAI）・インデックス

■日本を除く先進国と、新興国の株式を代表する指数【B】

・MSCIオールカントリー（AC）、（除く日本）世界株式･インデックス

■日本を含む、全世界の株式を代表する指数【C】

・MSCIオールカントリー（AC）、世界株式･インデックス

・FTSEグローバル・オールキャップ・インデックス

インデックス型の投資信託であれば、目論見書にほぼ必ず、運用を目指すベンチマークが記載されています。それが上記のどれかに該当するのかによって再確認することができます。

３つめの確認方法は、月報（マンスリーレポート）による確認です。月報は運用状況等を月次で報告する簡単なレポートで、投資信託を販売する金融機関のホームページに掲載されていますし、金融機関の窓口でも「見せてください」とお願いすれば用意されています。月報には、どの国にどのような割合で投資しているの

【図表6－5】月報（マンスリーレポート）の記載例

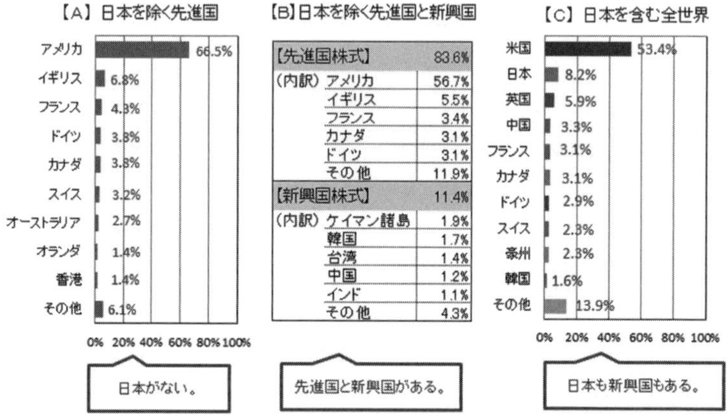

か、円グラフか棒グラフ、若しくは表で掲載されています。それをみると、【A】日本を除く先進国、【B】日本を除く世界の株式、【C】全世界、のいずれの株式なのかがわかります（図表6－5）。

図は【A】～【C】の実際に掲載されているものです。各社それぞれに違った図表を使っています。これは、目論見書は記載方法がある程度定まっているのですが、月報では運用会社がどのような方法で記載するのか自由度が高いからです。

インデックス型で世界の株式に投資する投資信託は、ご紹介した【A】～【C】でいまのところ59ファンドしかありません。5,000を超えると言われるなかではかなり厳選された感じですね（図表6－6）。

【図表6－6】対象とするタイプの投資信託は全体のほんの一部

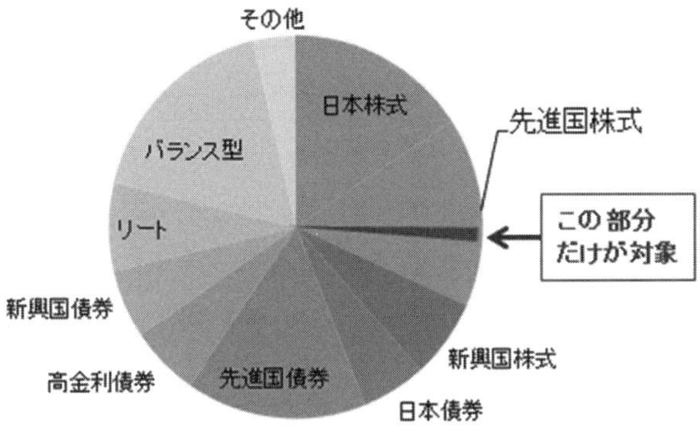

出所：三菱アセット・ブレインズ

●似た投資信託があったときは、なにを優先する？

もしも、これら【A】～【C】タイプの投資信託がすべてあったとしたらどうしましょう？　大きな銀行や証券会社、また、ネット証券であれば十分にあり得ることです。その際には、次の2つのステップを踏みましょう。

最初に、投資信託を保有する限り、毎年かかり続ける運用管理費用を念のため確認します。インデックス型の投資信託を選んだ時点で、投資信託のなかではかなり費用が低いものを選んでいるのですが、それでも、それぞれの投資信託にかかる費用は同じとは限りません。ちなみに、外国の株式に投資するアクティブ型の投資信託は平均1.7％がかかる一方で、インデックス型の平均は

0.5％以下と、１％以上の開きがあります。また、インデックス型のなかでも１％近い水準の投資信託があるなど、開きがあります。

投資信託を選ぶうえで費用がすごく大切なポイントであることは折に触れてお話ししました。インデックス型はすでに十分に費用が低いのですが、確認しましょう。それは、古い時期に作られた投資信託の運用管理費用は少し高い場合が多く、最近に作られた投資信託ほど費用が低い傾向にあるからです。インデックス型の平均的な水準である0.5％程度、若しくはそれ以下であれば問題ありません。もし費用水準が高い場合には、その投資信託は避けましょう。

ただし、過度に費用水準にこだわりすぎる必要はありません。費用は低いに越したことはないのですが、0.4％と0.3％で0.1％の違いがあったとしても、10年間で１％、20年間で２％の影響しかありません。それくらいの違いであれば、費用水準に固執するよりも、取引する金融機関の利便性などほかのことを優先するほうが良いからです。

運用管理費用はどのように確認するのか？　それは目論見書の最後の１ページか２ページに掲載されています。金融機関に相談するのであれば、口頭で聞いて教えてもらうと良いでしょう。自分でネットを通じて取引するのであれば、掲載されている目論見書を開いて確認してください。図表６－７に、どのような形で表示されているのかを例示しておきます。

【図表6－7】目論見書における費用の記載例

ファンドの費用・税金

●ファンドの費用

・投資者が直接的に負担する費用
購入時：ありません。
換金時：ありません。

・投資者が信託財産で間接的に負担する費用
ファンドの純資産総額に年率0.432％（税抜0.40％）をかけた額とし、ファンドからご負担いただきます。

では、費用が近い場合や費用が一定範囲に入っている場合にはどの投資信託を選ぶのか、その順番を確認しましょう（少々の違いであれば、それほどこだわる必要はありません）。外国株式に幅広く投資する投資信託として、主に次の３つの投資信託があることをお話ししました。

【A】日本を除く米国や欧州、オーストラリアなど外国の先進国に投資するタイプ
【B】日本を除いた先進国と新興国に投資するタイプ（＝日本以外の世界の株式）
【C】日本を含む全世界に投資するタイプ

まず、【A】の投資信託が多いことはお伝えしました。そのときに選ぶ順番としては、【C】＞【B】＞【A】の順になります。その理由は、その順番でより幅広く色々な国々に投資できるからです。より多くの国に投資をしたほうが、様々な成長機会を得ることができて、また、特定の国・地域の影響を和らげることができます。

次の第７章において、非課税制度であるつみたてNISA、確定拠出年金の場合の投資信託の選び方を話しますが、基本的に非課税制度だからといって、ここでお話ししたことと変わるものではありません。難しく考えないでくださいね。

●「ヘッジなし」を優先、「新興国のみ」は避ける

金融機関に出向いて相談する場合には、さきほどお話しした投資信託を購入したいと言えばよいのですが、ネットで取引する場合には、自分で選択しないといけないので、もう少し踏み込んでおきましょう。

まず、世界の株式に投資する投資信託を金融機関で求めても、金融機関のホームページで検索しても、そのなかには複数の投資信託が提示されることがあります。

その１つは、「為替ヘッジあり（ヘッジ付き）」と「為替ヘッジなし」です。「為替ヘッジあり」は、日本の円が外国の通貨である米国ドルやユーロとの為替レートの影響を受けないようにするものです。たとえば、円高になると、私たちが外国の株式に投資

をしたお金は目減りします。その目減りを避けるために為替ヘッジを付けることを「為替ヘッジあり」と呼びます。

一見すると、すごく良い機能に感じますが、タダでそうすることはできません。難しい話は避けますが、為替ヘッジをするには費用がかかり、それは投資信託の中から支払われます。その費用とは、外国と日本の金利差に相当するものです。たとえば2018年央だと、米国の金利が２％台の一方で日本の金利はほぼ０％なので、日本の方が金利は低く、金利には２％を超える開きがあります。すると、年間で２％強の費用がかかり、それが投資信託の中から支払われるのです。

為替レートが遠い将来に円高になるのか（円に換算した資産の価値がそれだけ目減りするのか）、それとも円安になるのか（資産の価値が増えるのか）、誰も言い切れるものではありません。株式は長期で保有すれば資産の価値は増えますが、通貨の交換レートである為替レートはそういうものではないからです。

どちらを選ぶのかは個人の自由ですが、私であれば「為替ヘッジなし」をお勧めします。その理由は、どちらに動くかわからないものであれば、無駄な費用を払うことを避けるためです。また、日本の成長力は外国と比べて低下しており、財政赤字も膨らみ続けているので、円の力も弱くなる（円高になりにくい）と考えているからです。

もし、金融機関で相談したときに「為替ヘッジなし」と「為替ヘッジあり」があると言われれば、「為替ヘッジなし」を選ぶとよいでしょう。これはネットで投資信託を選ぶ場合も同様です。

その他、ネットで投資信託を検索して選ぶ際の注意点として、新興国だけに投資する投資信託は避けましょう。ネットで、インデックス型、外国株式（に投資するタイプ）を選択すると、さきほど説明したように、いくつかの投資信託が示されます。その際に、米国や欧州といった特定の国･地域ではない、グローバル（多くの幅広い国・地域）に投資するものを探します。場合によっては、グローバルという言葉がすでに検索機能の選択肢に用意されていることもあります。

これらで選んでいけば、さきほどの項でお話ししたような、主に3つのタイプの投資信託に絞られるので、その中から選べば良いのですが、そのなかに紛れて新興国の国々だけに幅広く投資するタイプの投資信託も入ってくることがあります。これは、外国株式を選んだときに、先進国と新興国がともに外国株式の範疇に入っているからです。検索機能の選択肢に先進国株式と新興国株式が別々に用意されていればこのようなことは起こりません。

もし新興国の株式のみに投資する投資信託があったときは、それを選ばないように注意しましょう。その理由は、ブラジルやインド、中国、トルコといった新興国は大きな成長力を秘めていますが、経済基盤もまだまだ不安定で、先々に不透明な要素も抱えているからです。あくまで先進国を中心とした投資信託を優先しましょう。

【B】【C】タイプの先進国を中心としたものに新興国が含まれ

【図表6－8】長期の資産形成に向いている投資信託の選択手順

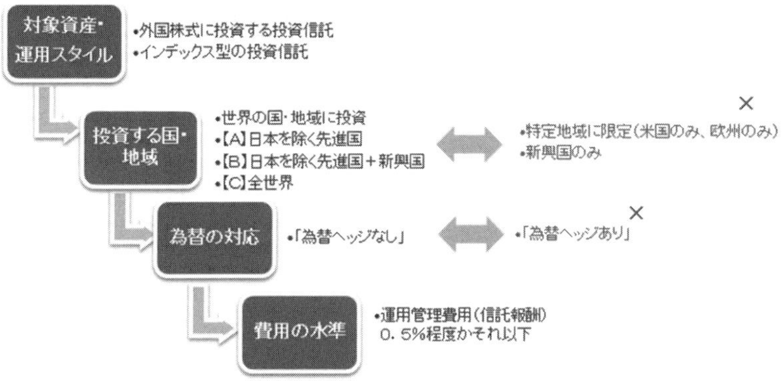

※為替の対応や費用の水準は、順番が逆でも構いません。

ているものは問題ありません。安定した経済基盤を持つ先進国をコアとして、大きな成長の可能性を秘めた新興国を含めることは、不安定な影響を和らげつつも長期での可能性も狙う組み合わせになるからです。もう一度、世界の株式の構成を示した円グラフの図をみて、幅広く投資するタイプとはなにか、再確認してください。

ここでは、投資信託を選ぶ際のポイントについて多くの大切なことをお話ししたので、図表6－8にその手順を示しておきましょう。

●条件をすべてクリアした投資信託はこれ！

最後に、これらの条件に当てはまる投資信託を掲載しておきます（図表６－９）。費用の水準を加味したので、さらに厳選された39の投資信託になります。投資信託全体の１％以下にまで絞り込まれました。

【図表６－９】条件に当てはまる投資信託

■銀行などで一般的に販売されている投資信託

投資地域	ファンド名	運用会社	管理費用	DCの利用
【A】	ダイワつみたてインデックス外国株式	大和投信	0.221	
	D-I'S外国株式インデックス	大和投信	0.594	
	i-SMTグローバル株式インデックス（ノーロード）	三井住友トラスト	0.205	
	Smart-i先進国株式インデックス	りそなアセット	0.216	DCも可
	iシェアーズ先進国株式インデックスファンド	ブラックロック	0.405	
	つみたて先進国株式	三菱UFJ国際投信	0.216	
	ステート・ストリート先進国株式インデックス・オープン	ステートストリート	0.216	
	iFree外国株式インデックス（為替ヘッジなし）	大和投信	0.205	
	ダイワ・インデックスセレクト外国株式	大和投信	0.594	
	外国株式指数ファンド	三井住友トラスト	0.540	
	eXe-i先進国株式ファンド	SBIアセット	0.248	DCも可
	野村インデックスファンド・外国株式（FundS-i外国株式）	野村アセット	0.594	
	eMAXIS Slim先進国株式インデックス	三菱UFJ国際投信	0.118	DCも可
	SMTグローバル株式インデックス・オープン	三井住友トラスト	0.540	
	DIAM外国株式パッシブ・ファンド	アセットマネジメントOne	0.540	
	外国株式インデックスe	三井住友トラスト	0.540	
	たわらノーロード先進国株式	アセットマネジメントOne	0.216	DCも可
	<購入・換金手数料なし>ニッセイ外国株式インデックスファンド	ニッセイアセット	0.118	
【B】	eMAXIS Slim全世界株式（除く日本）	三菱UFJ国際投信	0.153	
	野村つみたて外国株投信	野村アセット	0.205	
	三井住友・DCつみたてNISA・全海外株インデックスファンド	三井住友アセット	0.270	DCも可
【C】	全世界株式インデックスファンド	ステートストリート	0.518	
	SBI全世界株式インデックスファンド	SBIアセット	0.108	
	楽天・全世界株式インデックスファンド	楽天アセット	0.130	DCも可
	eMAXIS Slim全世界株式（オールカントリー）	三菱UFJ国際投信	0.153	

■確定拠出年金のみに提供されている投資信託

投資地域	ファンド名	運用会社	管理費用	DCの利用
【A】	ステート・ストリートDCグローバル株式インデックス・オープン	ステートストリート	0.270	DC専用
	大和DC海外株式インデックスファンド	大和投信	0.248	DC専用
	東京海上セレクション・外国株式インデックス	東京海上アセット	0.216	DC専用
	インデックスコレクション（外国株式）	三井住友トラスト	0.173	DC専用
	三菱UFJ DC海外株式インデックスファンド	三菱UFJ国際投信	0.227	DC専用
	インデックスファンド海外株式ヘッジなし（DC専用）	日興アセット	0.270	DC専用
	DCダイワ外国株式インデックス	大和投信	0.270	DC専用
	DCニッセイ外国株式インデックス	ニッセイアセット	0.204	DC専用
	日立外国株式インデックスファンド	日立	0.194	DC専用
	三井住友・DC外国株式インデックスファンドS	三井住友トラスト	0.173	DC専用
	野村DC外国株式インデックスファンド・MSCI-KOKUSAI	野村アセット	0.238	DC専用
	DC外国株式インデックスファンドL	三井住友トラスト	0.270	DC専用
	DIAM外国株式インデックスファンド＜DC年金＞	アセットマネジメントOne	0.270	DC専用
	野村外国株式インデックスファンド・MSCI-KOKUSAI（確定拠出年金向け）	野村アセット	0.238	DC専用

※運用管理費用は小数点第3位まで表示。
「DC専用」はDCのみで提供されているファンド、「DCも可」は、一般的な販売とDCを併用されているファンド。
ファンドの並びには特段のルールはない。

第7章

これでマスター！ つみたてNISAと確定拠出年金

資産形成を行ううえで、非課税制度はぜひとも利用したいものです。それは、利用するかしないかによって、同じ投資成果を得られたとしても、自分が手にする収益額が何割も違ってくるからです。

ただ、投資をするにあたって、非課税制度のすべてを理解する必要はありません。ここでは、非課税制度の代表格である確定拠出年金とつみたてNISAについて、資産形成をするうえで知っておきたい最低限の知識、そして、最終的にどのように利用するのがよいか、わかりやすいパターンをお話しします。

●非課税制度を知っていますか？

みなさんは、つみたてNISAや確定拠出年金をご存じですか？

つみたてNISAは、金融庁が主導して、投資の初心者でも安定した長期の資産形成ができるように整備した制度です。金融庁の目線からすれば、投資の初心者は資産形成の仕方を金融機関から十分にアドバイスしてもらえなかったのではないかという問題意識を持っています。投資信託が多くて何を選んだらよいのかわからないこともその一例です。それに対して、「この制度のなかで提供されている投資信託に積み立てておけば安定した資産形成ができますから、ぜひ活用してください」という商品が、つみたてNISAです。費用も低く抑えられていて、金融機関の収益面からみれば旨味は少ないのですが、裏を返せば、お金を託す個人からすれば親切な制度です。私は、つみたてNISAを高く評価しています。

もう１つの非課税制度は、確定拠出年金です。これは年金制度の１つですが、いままでのように企業が従業員のために年金を掛けて運用をしてくれるのではなく、自分の年金を自分自身が将来のために運用するものです。この背景には、金利が低くなって投資環境が以前よりも厳しくなるなかで、企業が定年後の従業員に対して決まったお金を企業年金として支払い続けることが難しくなったことが背景にあります。米国の自動車メーカーのGM（ゼネラルモーターズ）も、日本のフラッグシップであったJALも倒産の憂き目に会いましたが、退職した社員への年金の支払いが大きな負担になっていたと言われています。この年金制度を確定給付型と呼びます。確定したお金を将来にわたって「給付」してくれる年金だからです。制度はかなり無理があり、平均寿命が伸びたことで年金の支払額が想定外に増えたことも、この制度の運営を厳しいものにしました。

確定給付型の制度が限界に近づくなかで、新たに用いられた制度が企業型確定拠出年金です。これは、名称にあるように、企業側は確定した一定の掛け金を従業員に拠出し（支払い）ます。ただし、それを自分の年金のために運用するのは自分自身です。そのため、退職後に給付される年金の金額は確定していません。自分の資産形成の成果次第で変わってきます。

最近は、この確定拠出年金を採用する企業が増え、対象者は600万人を超えています。ただ、対象者は自分がしっかりと運用しなければ、将来の年金はそれほど多くならないことを十分に認識していないことが課題となっています。というのも、企業が採用した確定拠出年金では、自分の手で年金を運用しなければならないとの意識が希薄で、半分近くの人は、会社から前払いの形で支給された年金のお金を預金に置いているからです。会社としては２％以上の利回りで運用してもらいたいのですが、強制することはできないため、こういう状況になっています。これでは定年を迎えたときに、思ったよりも少ない年金額にショックを受ける人も多く出てくることでしょう。そのため、最近では従業員に投資教育を義務付けることで、少しでも投資への意識が湧くような取り組みがなされています。

確定拠出年金は、企業が採用していない場合でも、個人として行うことができます。iDeCoというキャッチフレーズで、なんとか国民の多くが資産形成に励んでもらえるようにしているところです。個人型を利用する人も増えており、100万人に達しました。企業が制度を導入してくれるのとは違い、iDeCoは自ら選択して利用するので意識が高いようです。企業型、個人型ともに確定拠出年金は年金という名前がついているように年金制度の1つなので、厚労省の管轄になります。金融庁によるつみたてNISAとは推進するところが違いますが、両方とも個人の資産形成を促進してくれている大切な制度です。

そして、これらには非課税が適用されます。それぞれに非課税の範囲は違うのですが、いずれも、本来であれば税金が取られるところを「税金を納めなくてもいいから、みなさん、資産形成に励んでください」というありがたい制度なのです。国は財政が厳しくて、色々なところから税金を取りたくてしようがありません。そういった立場の国が、「税金を納めなくていい」なんてことは滅多にないことです。

では、なぜ国は税金を納めなくてもいいことにしてまで、多くの人に資産形成を促しているのでしょうか？　それは、日本の財政や年金制度を考えるとわかります。いまや日本の財政は、世界でもトップクラスに厳しい状況です。一国の経済規模を示す国内総生産（GDP）に対する累積財政赤字の規模は2倍を超えています。少し前に経済が破綻したギリシャよりも厳しい水準です。こういったなか、将来の公的年金への不安は高まっています。足元では生活保護世帯が増え続け、いまでは高齢者の7人に1人は生活保護の受給世帯になっています。

私たちの親世代では、現役時代に頑張って仕事さえしていれば、老後は国や企業による年金や社会保障によって守ってもらえました。しかし、これからは少子高齢化が大きな制約になってきます。現在でも高齢者率は25％を越えていますが、いずれ40％になるとの試算もあります。高齢者を支える環境は一段と厳しくなっています。いまのような手厚い保障が今後も得られるとは言い切れませんよね。

その一方で、人生100年時代とも言われ、長生きの負担やリスクも唱えられています。こういった状況下、一人一人がしっかりと資産形成をしてもらいたい、そのために資産形成を促進するための非課税制度が設けられているのです。

●所得に合算して課税されるものと別に課税されるもの

非課税は税金の制度です。海外では、企業だけでなく個人も積極的に節税に励んでいます。脱税はいけませんが、節税は国が設けたルールに則ったものであり、恥ずかしいことではなく、堂々とやりくりすべきものです。それに対して、日本人、特にサラリーマン世帯は税金に弱いと言われています。それは、確定申告をしなくても、会社がまとめて税金の申告をしてくれるからです。これは年に一度の税務処理を集中的に行う国の側からみると効率的で便利な仕組みですが、税金のことを考えずに、生命保険や損害保険の加入状況を記載するだけで自分の税金の処理が終わってしまうと、サラリーマンにとっては税金に対する意識が希薄になりますよね。

こういった背景があるため、税金への意識が高まらないのです。「私たちサラリーマンは会社で集計されてしっかりと税金を払っている。節税は、お金持ちや資産家が、税金のプロである税理士と相談して行うものであり、私たちにとってあまり関係のないもの」というふうに受け止めている人も多いことでしょう。しかし、実際には、税制はお金持ちのためのものではなく、誰にとっても身近なものです。医療費控除は自分で確定申告をしなければ税金は返ってきません。私立校への寄付金も、申告すれば税金の還付が受けられます。ふるさと納税も同じです。逆に、同じことをしても、国が用意してくれた手続きを踏まなければ、そのメリットは得られません。

国は徴収する税金は必ず請求してきますが、税金の免除や軽減、還付など、国にとって得にならないことは、私たちから申告するとか制度を利用しない限り、手を差しのべてくれることは決してありません。「○○さん、申告すれば税金は少なくなるのに、申告しないのですか？」などと税務署から連絡してくることはないのです。私たちが上手に使っていくべきものなのです。

これと同じく、非課税制度も、活用しようとしなければ、国の方から無理矢理に適用してくれるものではありません。非課税制度は、その言葉の通り、税金が課されないものです。ただ、それは一律なワンパターンで適用されるものではありません。これからお話しするつみたてNISAと確定拠出年金の非課税制度を理解するために、税金の仕組みについて簡単に確認しておきましょう。

私たちが国に納める税金の大きな柱は所得税と住民税です。これは所得に対してかかる税金です。サラリーマンが不動産を持っていて、一定額以上の賃料収入や駐車場の収入を得ている場合も、それは給与に合算されて所得税がかかります。所得税は給与だけでなく、色々な所得を加味してかけられる税金です。この所得税に応じて、住んでいる地域に支払う住民税も決まります。

それに対して、所得には合算せずに、特定の収入や収益だけに対してかかる税金もあります。これを源泉分離課税や申告分離課税と言いますが、平たく言えば、収入や収益を所得に加味して所得税をかけるのではなく、その収入や収益に対して単独でかかる税金のことです。たとえば相続税がそれにあたります。仮に、親から相続するお金を所得とみなされて課税されると、大きな資産を相続する人は高率の税金がかけられて、その大半は国の税金となってしまうでしょう。こういったことを避けるために、通常の所得とは違うものに対して主に適用されるものです（図表７－１）。

私たちが投資信託を通じた投資によって得られた収益も、この

【図表7－1】所得税・住民税の対象と分離課税の対象のイメージ

	対象
所得税・住民税がかかる収入	給料、不動産所得
（源泉・申告）分離課税となる収入	相続、投資信託の収益（分離課税を選択した場合）

分離課税の対象になります（投資口座で「源泉徴収あり」を選択したケース）。なにもしなければ、得られた収益に対して約20％が税金として徴収され、私たちが受けとることができる収益はその残りになります。たとえば、100万円を投資信託で保有していて５％の金利がつくと５万円の収益になりますが、そのうちの20％に相当する１万円は税金として差し引かれます。このときに非課税制度を利用して投資信託を購入していれば、税金は差し引かれずに５万円が丸々自分の収益になります。できることならば支払いたくないですよね。

資産形成に関する非課税制度を理解するために、課税される形態としては、所得に合算してかかる税金と、所得とは合算せずに分離課税として投資で得られた収益（売却益や分配金）にかかる税金には２つのパターンがあることを知っておいてください。

いまからお話しする確定拠出年金は、所得に対する所得税や住民税と、投資における収益の両方の税金に対して非課税扱いになります。資産形成をするなかでは、最も非課税の効果が高い制度です。それに対してつみたてNISAは、投資における収益の部分

【図表7－2】つみたてNISAと確定拠出年金の非課税の対象

		確定拠出年金	つみたてNISA
所得税・住民税がかかる収入	掛け金が対象から控除	○	−
（源泉・申告）分離課税となる収入	投資信託の収益が非課税	○	○

が非課税扱いとされる制度です。そのため、確定拠出年金ほどの効果はありません。それでも、非課税制度を受けないことと比べると大きなメリットがあります（図表7－2）。

●つみたてNISAと確定拠出年金の非課税効果は絶大

本書は、「投資の知識がなくても資産形成はできる」ことに主眼を置いているので、よくわからない人でも資産形成ができるために知っておくべき最低限の知識を中心に提供するつもりです。あまりに色々な情報を提供されて、あれが違う、これが違うと言われると、逆によくわからなくなってしまうこともありますよね。

確定拠出年金とつみたてNISAのどちらが税制面で優遇されているかと聞かれれば、ほとんどの専門家が確定拠出年金と答えるでしょう。それは、お話ししたように、両者の非課税の対象をみれば一目瞭然です。確定拠出年金は、積み立てる掛け金がそのまま所得税の課税の対象から外れるので（非課税）、毎年に積み立てた金額×税率がそのまま返ってくるようなものです。これはつみたてNISAにはない、年金という名前がついている制度だからこそできるものです。そして、この効果はすごく大きいです。実感をもってもらうために具体例を挙げて示しましょう。とても簡略化してお話しますので、その点はご了承ください。

たとえば、日本の平均的な給与水準のサラリーマンとして、収入が800万円、それに対して色々な控除が差し引かれて、所得税がかかる対象（課税所得）が400万円だとしましょう。この人の所得税率は20％、住民税率は10％です。仮に毎月２万円（年間24万円）を確定拠出年金で積み立てを行ったとすると、所得税の対象から掛け金が差し引かれるので、それだけ税金を支払わなくて済みます。24万円×20％（所得税率）、24万円×10％（住民税率）の合計である７万2,000円を税金として支払わなくてよくなるのです。

私も色々な非課税のメリットを知っているつもりですが、こんなに優遇されていることはほとんどありません。自分の資産形成のためにお金を積み立てると、税金までが抑えられる（返ってくる）のですから。

確定拠出年金は年金の制度なので、生命保険のように長期間にわたってコツコツと掛けていくものです。仮に20年間も掛け続ければ、先ほどの例では、所得税における非課税だけで144万円も税金を優遇される計算になります。ただし、所得がある人が将来の年金積立のために恩恵を受ける制度なので、所得のない専業主婦などはこのメリットはありません（図表７－３）。

資産形成における非課税にはもう１つあります。それは、積み

【図表７－３】確定拠出年金における非課税の効果

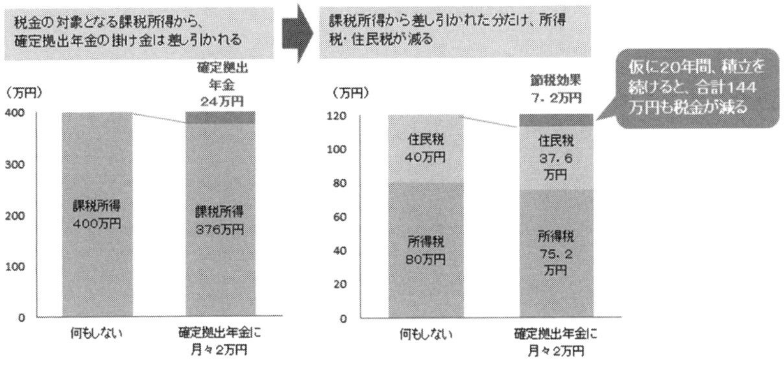

立てたお金によって収益が生じたときに、その収益に課税されないことです。すでにお話したように、収益に対して約20％は課税されて自動的に国に納められます（分離課税の特定口座〔源泉徴収あり〕の場合）。これが課税されなければ、長い期間にわたって生み出された投資の収益を丸々自分のものにできます。せっかく頑張ったものを国に取られることはありません。この効果も、実際に数字にしてみないとわかりにくいかもしれませんね。

たとえば、投資をすることで毎年３％の収益が得られるとしましょう。これに対して毎月２万円（年間24万円）を20年間にわたり積み立て続けた人は、課税と非課税でどれだけ違うでしょう。

投資では、３％の収益を得ることが非課税になるとともに、その３％が長期にわたって複利として増えていくことで、利息がさらに利息を生む効果があります。たとえば３％の収益を20年間得られるとすると、単純計算では３％×20年間＝60％ですが、複利で運用されていると約81％にもなります。複利の効果は長期になればなるほど表れます。ここで、運用益の20％が課税されるとしたら、20年間だと約81％×20％＝約16％も収益から税金として支払われてしまいます。確定拠出年金やつみたてNISAを利用すると、これを差し引かれずに済みます（つみたてNISAの非課税期間は20年間までです）。

では、仮に毎月２万円（年間24万円）を20年間にわたり積み立てた人は、毎年３％の収益が得られたと仮定したときに、どれくらいの非課税効果があるでしょうか？

◆非課税であれば年間24万円×約81％×20年分≒387万円の収益
◆税金がかかると年間24万円×約64％×20年分≒310万円の収益

つみたてNISAを20年間も続ければ、同じ資産形成をしたとしても、非課税にするかどうかで約77万円も違ってくるのです。この効果は、例えば私たちが他の投資信託よりも20％も収益率が高い投資信託を見つけるようなものです。制度を利用するだけで、それと同じ効果が得られます。もったいない話ですよね。ですから非課税制度をできるだけ利用した方がいいのです（図表７－４）。

確定拠出年金を利用した場合には、これに加えて、さきほどお話しした毎年の所得税・住民税の支払いが約７万円、20年間では約144万円も税金が減るので、実質的には自分の実入りになりま

【図表７－４】運用収益における非課税の効果

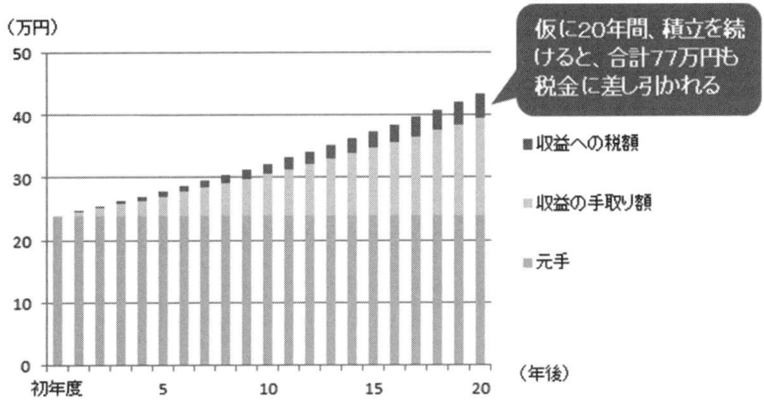

【図表７－５】確定拠出年金とつみたてNISA、所得税と運用益における控除額

		確定拠出年金	つみたてNISA
所得税・住民税がかかる収入	掛け金が対象から控除 （掛け金に応じて確実にメリット）	144万円	－
（源泉・申告）分離課税となる収入	投資信託の収益が非課税 （収益が生じた場合にメリット）	77万円	77万円

す。さきほど例示したモデルケースが仮に20年間続くというざっくりとした前提での試算では、３％の運用ができた場合には併せて221万円（144万円＋77万円）も税金を納める必要がなくなるのです。

確定拠出年金による所得税・住民税の節税効果は掛け金を行うことで確実に得られます。一方で、収益による非課税効果は投資で収益が生じた場合にメリットが得られるものです（図表７－５）。

私たちがまず考えるべきこと、それは、税制はよくわからないと決めつけて避けるのではなく、せっかく用意された非課税制度は積極的に利用することです。そして、確定拠出年金の方が、つみたてNISAよりも非課税としての利用価値は格段に高いこと、それとともに、つみたてNISAの非課税だけでも長期にわたる資産形成で考えるとかなりの効果があることを知っておきましょう。

●確定拠出年金、２つの制約を押さえておく

実際に利用する観点では、もう２つだけ知っておくべき制約があります。

１つめは利用の制限についてです。まず、利用には年齢上限があります。確定拠出年金は現役世代が退職後の年金を準備するものなので、収入のある現役世代に対して税制面での優遇が用意されています。そのため、60歳以上は原則として利用できないといった年齢の上限があります。高齢者は利用できません。一方で、つみたてNISAは年齢制限がないので、何歳でも利用可能です。60歳に近い人やそれ以上の年齢の人は、つみたてNISAを利用するかどうかという選択肢しかありません。

また、確定拠出年金は原則として60歳まで引き出すことができません。このように言われると、ものすごく不便に感じるかもしれませんね。でも、生命保険と比べるとそれほどでもないのです。

生命保険の貯蓄部分は、契約によっては長期間にわたって私た

ちの積み立てたお金と、これからも掛け金を払い続ける義務を負わせています。生命保険の場合、急にお金が必要になっても、銀行で借りる時のような金利を生命保険会社に支払わなければ、自分が積み立てたお金を使わせてくれません。また、途中で掛け金を支払うのをストップすると、保険の契約も失効してしまいます。せっかく積み立てた貯蓄部分も大きく割り引かれた状態で返戻されることになりかねません。健康で急なお金の工面も必要なく、何気なく毎月の掛け金を支払っているときは感じませんが、生命保険の契約は、数十年という長期間にわたって多くの縛りがある契約になっているので、温情やお付き合いで安易に入るものではありません。

それに比べると、確定拠出年金は途中で掛け金の払い込みを中断することもできるので、実は生命保険よりも自由度は高いと私は思います（ただ、口座に一定の費用がかかる点は注意しておきましょう）。

２つめの制約は、利用額に上限があることです。これは、たくさんのお金を資産形成にまわすことができる人でなければ、それほど重要ではないかもしれませんね。確定拠出年金は、会社型、個人型でも利用金額の上限に細かな違いがあります。本書では資産形成の仕方に重きを置いているので、細かい制度の説明はしませんが、一般的なサラリーマンであれば月々２万円（年間20万円強）程度になります。実際に行う場合にはネットや金融機関に確認しましょう。一方で、つみたてNISAはだれでも年間40万円（月

【図表7－6】確定拠出年金とつみたてNISAの利用条件

		確定拠出年金	つみたてNISA
所得税・住民税がかかる収入	掛け金が対象から控除 （掛け金に応じて確実にメリット）	○	－
（源泉・申告）分離課税となる収入	投資信託の収益が非課税 （収益が生じた場合にメリット）	○	○
利用制限	利用年齢	60歳までしか利用できない	利用制限なし
	引き出しの制限	60歳までは引き出しできない	
利用可能金額		立場によって細かく分かれる	誰でも年間40万円

に3万円強）が利用上限になります（図表7－6）。

ここで大切になってくること、それは、生命保険よりも不便ではないけれど、税制の魅力満載ながら60歳まで引き出せない確定拠出年金をどのように用いるのかということです。まず言えることは、収入がある人で、55歳くらいまでの年齢で利用できる立場にあるならば、積極的に利用すべきです。これは大原則です。勤めている会社が確定拠出年金の制度を用意しているのであれば、会社が用意したプランを利用して資産形成を行うべきです。会社が制度を採用していないサラリーマン、また、公務員や自営業者などであれば、iDeCo（個人型確定拠出年金）を自ら申し込んで利用すべきです。

●確定拠出年金とつみたてNISAの使い分け

では、どのように確定拠出年金を利用するのかを考える際に、同じく非課税が適用され、途中で自由にお金を引き出して使うこ

【図表7－7】確定拠出年金とつみたてNISAの使い分けのイメージ

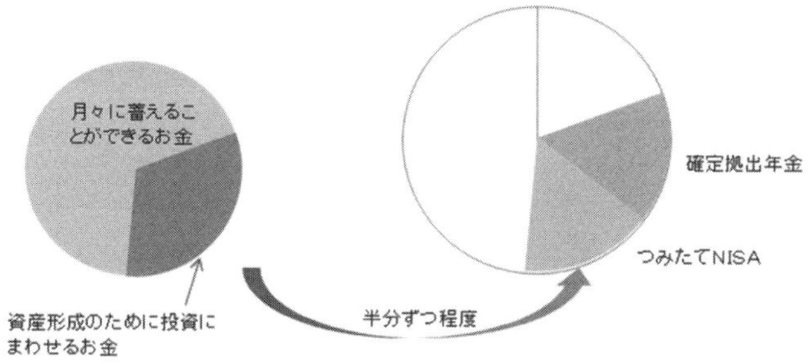

ともできる、つみたてNISAとの使い分けで考えてみましょう。

60歳まで引き出せないけれど、税制面では魅力満載の確定拠出年金と、確定拠出年金ほどではないけれど、投資による収益が長期にわたり非課税扱いとなるつみたてNISAをどのように使ったらよいのか？　迷いますよね。ネットとかであれば、双方のメリット、デメリットを余すところなく詳細に説明したうえで、「自分のライフスタイルに合わせて上手に活用しましょう」といった感じで締め括られているものをよく目にします。これでは、よくわからない人にとっては悩みの種がさらに１つ増えてしまいます。

ここでは１つのシンプルな考え方を提示しましょう。それは、資産形成のために投資にまわすお金があれば、その半分ずつを確定拠出年金とつみたてNISAにすることです。もし、３万円を資産形成にまわそうとすれば、それぞれに１万5,000円ずつを割り振ることになります（図表７－７）。理想は、最も税制のメリットがある確定拠出年金にフルにお金をまわすことですが、途中で換金できない点は特に若い人にとって不安でもあり辛いところです。そうであれば、ある程度はザックリと割りきって制度を活用することをお勧めします。

もう少し柔軟に対応できるのであれば、20〜30代など若いうちは、資産形成で投資にまわすお金の３分の１を確定拠出年金にして、３分の２をつみたてNISAにしておくと良いでしょう。それは、結婚、マイホーム、子供の教育資金など近い将来にお金を使う可能性が控えているので、それに備えて、引き出し可能なつみたてNISAを多めにしておくことも良いからです。40代になれば半々に調整しましょう。そして60歳になっても投資ができる人はつみたてNISAにシフトしましょう。いずれにしても、確定拠出年金を少しでも始めておくことです。いつまでも利用しないという事態を避けられ、一度でも始めておけば関心も湧きます。

一方で、良い会社にお勤めで十分な収入がある人は、積極的に両方を満額まで使うことです。一般的なサラリーマンの場合、確定拠出年金は、いまのところ、月に２万円程度、年間でも24万円程度しか掛けることはできません。つみたてNISAも、年間40万円が上限です。合計すると約64万円です。仮に、早い時期からこれだけしておけば老後は安心です。

資産形成でお金を増やすポイントは２つあります。それは、貯める仕掛けを作ること、そして、貯める時期にしっかりと資産形成に励むことです。貯める仕掛けとは、まさに、自動引き落としによる積立でコツコツと継続的にお金を資産形成にまわす仕掛けを作っておくことです。これには、つみたてNISAや確定拠出年金はうってつけです。両方とも、毎月一定額の引き落としが基本だからです。もう１つのポイント、貯める時期は、独身時代、結婚後の子育て前の時期、そして、子供が成人したのちの３つと言われていますが、できるときにしっかり行えて、できないときは中断や掛け金を抑えられることも、つみたてNISAや確定拠出年金の良いところです。

確定拠出年金の利用には年齢の上限があることと、原則60歳まで引き出せないことの制約があるため、つみたてNISAとの使い分けの一例をお話しました。この２点以外にも、確定拠出年金やつみたてNISAについて、知っておいた方がよい点は幾つかありますが、知らないと制度が十分に利用できないものではありません。私が意識していることは、やるべきこと、良いことであれば、利用するにあたって必要最低限の知識さえ持っておけばよく、あとは「まずは始める」ことです！　始めると色々なことがわかってきて、また、気にもなります。そうすることでさらに知識も増え、理解も深まっていくはずです。

●長期資産形成の強い味方

つみたてNISAの制度は、金融庁主導で、長期の資産形成に安心して取り組めるための枠組みを用意したものです。確定拠出年金も長期の資産形成を目的とします。ここでは最後に、それらの制度として利用できる投資信託についてお話しします。結論から言えば、つみたてNISAも確定拠出年金も、その主旨に沿った長期の資産形成に適している投資信託が採用されています。

つみたてNISA用として、非課税という国の税金を優遇してまでも扱いが認められた投資信託は、現在では約155あります（2018年7月現在）。今後も少しずつ増えていくことでしょう。その基本的な考え方は、投資信託のなかに株式が組み入れられていること、費用が低いこと、原則としてインデックス型であるといった、それぞれ長期の資産形成に向いている条件が整った投資信託とされています。

株式が組み入れられていることは、長期投資から高い収益を得ようとする意図が込められています。費用が低いことも、同じく、投資信託を保有する長期間にかかる費用を極力抑えることを意図しています。インデックス型としているのは、幅広い銘柄に分散して投資するタイプの投資信託にするためです。

このように、つみたてNISAは税制面で長期の資産形成をサポートするだけでなく、お金を実際に運用する投資信託も、長期の保有に向いているものを、わざわざ金融庁が条件を絞って提供してくれています。5,000を超えるとも言われる投資信託のなかから150程度に絞り込むということは、全体の３％程度でしかありません。長期投資の投資信託を選ぶのが難しいと感じる人にとっては、あらかじめ私たちのために絞り込んでくれている、本当に使い勝手の良いものです。そして、これらの絞り込みの条件は、

【図表7－8】投資信託全体におけるつみたてNISAの数とその特徴

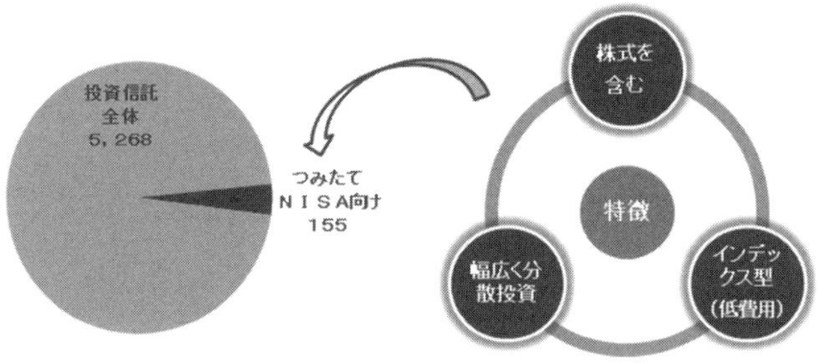

本書でこれまでお話ししたことがそのまま当てはまります（図表7－8）。

つまり、金融庁が国民の安定的な資産形成のために望ましいとした投資信託とは、株式中心で費用が低く、幅広く分散して投資するインデックス型なのです。このように書くと、みなさんも、本書でお話しすることが長期の資産形成に向いていることに確信をもってもらえるはずです。

つみたてNISA用の投資信託にも、わずかではありますが、アクティブ型の投資信託もあります。それは、つみたてNISA用はインデックス型が基本と明記されたうえで、例外的に「多くの人から支持されているアクティブ型」も認められているからです。その条件は、5年以上の運用実績があり、過去の多くの期間において資金流入が流出を上回っている（つまり、多くの人から一定の支持を受けている）投資信託とされています。こういったアクティブ型の投資信託は、全体のうち17ファンドしかありません

（2018年７月現在）。

つみたてNISAであれば、私たちはこのなかから選ぶことになりますが、投資信託の知識が少ない人は、無理してアクティブ型から選ぶ必要はありません。インデックス型の投資信託から選んでいくことで十分です。ただ、それでも全体で150以上もあれば、細かな違いがあってわからなくなってしまいますよね。

ここでも、世界の株式に幅広く投資するファンドを選べば、いままでお話しした狙いは十分に確保できます。金融庁のホームページで、つみたてNISAの商品をみると、ずらりと投資信託が並んでいるなかで、それに該当する投資信託は19ファンドしかなく、以下のようになります。図表７－９には、第５章でお示しした【A】日本を除く先進国に投資するタイプ、【B】日本を除く先進国と新興国（＝日本を除く全世界）に投資するタイプ、【C】日本を含む全世界に投資するタイプに分けて表示しています。

表の投資信託は、第５章の最後に掲載した長期の資産形成に向いている投資信託の一覧にほとんど含まれています。つみたてNISA向けの投資信託の多くは、つみたてNISAの制度を通じなければ投資できないものではなく、普通に買うこともできます。

実際には、金融庁のホームページから投資信託を選んで購入に進むことはできないので、このなかから取引金融機関が採用して販売するつみたてNISA用の投資信託から、私たちが選ぶことになります。

つみたてNISA用に限らず、金融機関によって販売されている

【図表７－９】つみたてNISAにおける外国株式ファンドの一覧

投資対象国・地域	ファンド名称	運用会社	目標とする指数
【A】日本を除く先進国	たわらノーロード　先進国株式	アセットマネジメントOne	MSCI World Index（MSCIコクサイ・インデックス）
	iFree 外国株式インデックス（為替ヘッジなし）	大和証券投資信託委託	
	<購入・換金手数料なし>ニッセイ外国株式インデックスファンド	ニッセイアセットマネジメント	
	野村インデックスファンド・外国株式	野村アセットマネジメント	
	外国株式指数ファンド	三井住友アセットマネジメント	
	i-SMT グローバル株式インデックス（ノーロード）	三井住友トラスト・アセットマネジメント	
	SMT　グローバル株式インデックス・オープン	三井住友トラスト・アセットマネジメント	
	eMAXIS Slim 先進国株式インデックス	三菱UFJ国際投信	
	eMAXIS 先進国株式インデックス	三菱UFJ国際投信	
	つみたて先進国株式	三菱UFJ国際投信	
	Smart-i 先進国株式インデックス	りそなアセットマネジメント	
	SBI・先進国株式インデックス・ファンド	SBIアセットマネジメント	FTSE Developed All Cap Index
【B】日本除く先進国と新興国	野村つみたて外国株投信	野村アセットマネジメント	MSCI ACWI Index（日本除き）
	三井住友・DCつみたてNISA・全海外株インデックスファンド	三井住友アセットマネジメント	
	eMAXIS Slim 全世界株式（除く日本）	三菱UFJ国際投信	
	eMAXIS 全世界株式インデックス	三菱UFJ国際投信	
【C】全世界	全世界株式インデックス・ファンド	ステート・ストリート・グローバル・アドバイザーズ	MSCI ACWI Index
	SBI・全世界株式インデックス・ファンド	SBIアセットマネジメント	FTSE Global All Cap Index
	楽天・全世界株式インデックス・ファンド	楽天投信投資顧問	

出所：金融庁HPより作成

投資信託は違います。上記のつみたてNISA用の投資信託も、すべての金融機関で用意されているわけではありません。ただ、私たちが求めるタイプの投資信託は、つみたてNISA用のなかで最もスタンダードなタイプの１つなので、どの金融機関であっても、どれかはほぼ確実に用意されているはずです。

みなさんが誤解しないように話しておきますが、つみたてNISAと似た名前ですが、NISAは私たち長期投資で資産形成を目指すための制度ではありません。名前に「つみたて」があるかないかの違いなので、積み立てをすること以外は同じように見えるかもしれません。たしかにどちらとも非課税制度ですが、多くの点で違いがあります。たとえばNISAでは、非課税の期間は最長でも実質10年間で、長期投資には短すぎます。

最後に、確定拠出年金における投資信託について触れておきましょう。この説明には、あえて項目を設けるほどではありません。確定拠出年金向けの投資信託は、つみたてNISAのように金融庁が条件を絞ってくれるものではありません。しかし、長期の資産形成に向いた投資信託が整っています。それは、確定拠出年金の制度自体が、長期の資産形成のためのものだからです。確定拠出年金向けの投資信託は企業型と個人型で少し違うのですが、いずれも法律によって、私たち加入者のために忠実であることが定められています。そのため、長期の資産形成に適した投資信託が選ばれざるを得ないようになっているのです。通常、私たちが金融機関の窓口やネットで投資信託を購入する場合には、そこまでの法律は明文化されていません。逆に言えば、そのために、つみたてNISAでは、わざわざ金融庁が投資信託を厳選してくれているのです。

確定拠出年金では、企業型も個人型（iDeCo）も、企業や国民年金基金連合会から委託を受けた運営管理機関が投資信託を選定します。たくさんあると、私たちが選ぶ際に迷ってしまうので、各企業や個人型では投資信託の上限数が35までに限定されていて、その中には、費用が低くてシンプルな投資信託はほぼ必ず含まれています。もちろん、何度もお話ししている、世界の株式に幅広く投資するインデックス型の投資信託も入っています。

確定拠出年金、つみたてNISAは長期投資を前提にした制度なので、採用される投資信託もそれに向いています。これらの制度は税制（非課税）だけでなく、投資する対象（投資信託）においても私たちの味方なのです。

第8章

投資金額をどう決める？

第５章、第６章では長期の資産形成に向いている投資信託について、第７章では非課税制度であるつみたてNISA、確定拠出年金の利用の仕方について確認しました。この章では、実際に資産形成を行ううえで大切なもう１つのポイント、どれくらいのお金を投資にまわすのがよいのかについて、投資が初めての人でも安心して投資にお金をまわす目安となる、私がお勧めする考え方をお話しします。

これまでの章とは違い、ここではあくまで、みなさんが自分のお金をどれくらい投資にまわしたらよいのか決める際の参考としてお話しするので、頭の整理をする際の一助にしてください。

●どれだけのお金をまわせばいいの？

資産形成を考えるうえで大切なことの１つ、それは、自分のお金のなかのどれくらいの部分を、価格の変動がある投資にまわすのかです。

投資でも、物を買うときでも、決めることは３つです。いつ（どのように、どこで)、何を、どれくらい（またはいくらの価格で）買うのか？　これで決まります。この夏までに車を300万円で買う。今日食べるために、肉まん２個を150円で買う。これと同じように、外国に幅広く投資する投資信託を今月から積み立て投資で２万円ずつ購入する。まったく同じです。いつ、何を、どれくらい、この３つのことが決まれば行動はほぼ完結します。

そして、投資の成果に大きく影響を与えるのが、３つのうちの「どれくらい」です。どんなに資産形成が上手くいったとしても、月々5,000円の積み立てと月々５万円の積み立てでは、収益額は10倍も違います。月々5,000円（年間６万円）を投資にまわして40％の値上がりによる収益が得られれば２万4,000円になりますが、月々５万円（年間60万円）でたった４％の収益が得られると同じく２万4,000円の収益額になりますよね。

長期の資産形成で収益を得られることを目的に投資を行うのであれば、できるだけ多くのお金を投資に振り向けたほうが良いという考えになります。その一方で、投資する株式などは、一時的にでも価格が下落する可能性もあるので、多くのお金を投資すると下落したときに評価がマイナスになることも考えられます。投資から得られる収益性と、価格の変動は表裏一体であるため、どうしてもこのような悩みが生じます。

ここでは、そのための最も簡単な方法をお示ししておきましょう。結論から言えば、価格が変動しても「しまった！」ということがない目安として、自分が蓄えられるお金の３分の１程度を投資にまわせば、安心感を持って資産形成に励めます。たとえばお給料の中から月々３万円を蓄えられるのであれば、そのうちの１万円を投資にまわすことです。

その根拠についてお話ししましょう。多くの人は、投資した対象の価格が動いて、どれくらいの損失が発生するのか気にします。たとえば、100万円を投資にまわして30％下落すると30万円の損失になります。しかし、これは資産形成における一面を見ているに過ぎません。それは、1,000万円を持つ人にとって30万円は全体の３％と小さい一方で、100万円を持つ人がすべてを投資にまわした場合30万円は全体の30％に当たり影響が大きいからです。つまり、自分が蓄えるお金全体に対してどれくらいの割合を投資するのかによって、その影響度合いは異なります。価格が動くことによって私たちが不安になるもの、それは、最終的には、自分のお金全体に対してどれくらいの影響を与えるのかだからです。

◆投資による価格変動の影響　＝　投資した株式の価格の動き
×　投資にまわしたお金

逆に言えば、最初から、自分のお金全体に及ぼしそうな影響を一定程度の範囲に抑えるようにできればよいことになります。たとえば、価格変動の影響がお金全体の１割程度（人によっては５%）に抑えられることがわかっていれば、不安から解放されます。もちろん、これは一時的に価格が下落することへの備えですから、このまま損失となって確定するものではありません。

●一時的に価格が下落しても安心な投資とは

投資をして、一時的に価格が大きく下がっても、自分のお金全体に与える影響を一定割合に抑えるにはどのようにすればよいのでしょう？　ここでは、わかりやすい整理の仕方として、「仮に、投資した対象の価格が一時的に３割下落しても心理的に耐えられる額を投資にまわせばいい」と考えてみましょう。投資というと損をすることが怖いというイメージがありますが、競馬のようにギャンブルではないので、お金がすべてなくなることはありません。３割の価格下落は、滅多にない、かなり大きな下落だと思っておいて間違いありません。

一時的に価格が３割も大きく下落しても、心理的に耐えられる損失額から逆算して、投資にまわすお金の大きさをイメージしてみましょう。最初に、金額を用いて示したうえで、そのあとでお金全体への影響（割合）をベースに考えてみることにします。

たとえば、自分は50万円以上の損失は一時的であっても耐えられないと考えるのであれば、次の計算で簡単に試算できます。

◆50万円（耐えられる額）÷0.3（価格の下落率）＝約167万円（投資にまわせる額）

逆算してみましょう。167万円を投資して価格が３割下落すると、

◆167万円（投資にまわせる額）×0.3（価格の下落率）＝約50万円（耐えられる額）

「耐えられると考える金額÷0.3（価格の下落率）」を計算することで、簡単にイメージできますね。損失額を想定して、そこから逆算することは、あまり気持ちのいいものではありませんが、一時的にせよ、多くの人が恐れている限界に近いことが起こっても、自分の耐えられるお金の範囲で投資にまわしておくことがわかっていれば安心して投資できるでしょう。

さきほどは、耐えられる金額（上の例では50万円）を想定して試算しましたが、次に、この考え方をもう少し広げ、自分の資金全体に与える影響の大きさを考えてみます。

たとえば、あなたが100のお金を持っていたとしましょう。そのうち、１割に相当する10までであれば耐えられるとするとどうでしょう？　さきほどの計算では次のようになります。

◆10（耐えられるお金の割合）÷0.3（価格の下落率）＝約33（投資にまわせる割合）

お金全体100のうちの33、つまり3分の1は投資にまわすことができます。これは、いま保有しているお金に対してだけでなく、積み立てで投資をするときに、どれくらいのお金をまわそうかと考えるときにも使えます。

投資額（さきほどの例では50万円）で試算するとリアルすぎて、投資にまわせるのは小さな金額になってしまう傾向があります。それをお金全体に影響を与える大きさとして捉えると、より多くのお金を投資にまわすことがイメージできます。いまあるお金でも、月々に積み立てられるお金でも、3分の1を投資にまわしておけば、たとえ価格が一時的に3割下落しても、お金全体に与える影響は1割に抑えることができます。この関係を示したのが図表8－1になります。

この考え方は、かなり慎重なものです。私たちが投資する金融市場には価格変動などの変化がつきものですが、この考え方に基づいておけば、想定外と思われるような動きがあってもあわてる必要はなくなります。資産形成を行ったことがない人にとってみれば、最初にどれくらいまでならお金をまわしてもいいのか、自分のなかで整理するには簡便な方法です（図表8－2）。

仮に価格が3割下がったとしても、それは長い時間の中の一時的な下落です。その一時的な状況に心理的に耐えられるのかとい

【図表８－１】お金全体への影響を１割以内に抑える

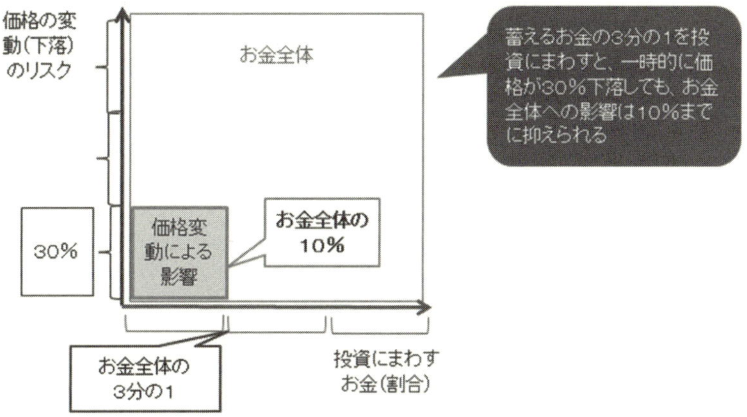

【図表８－２】安心して投資にお金をまわすことができる考え方

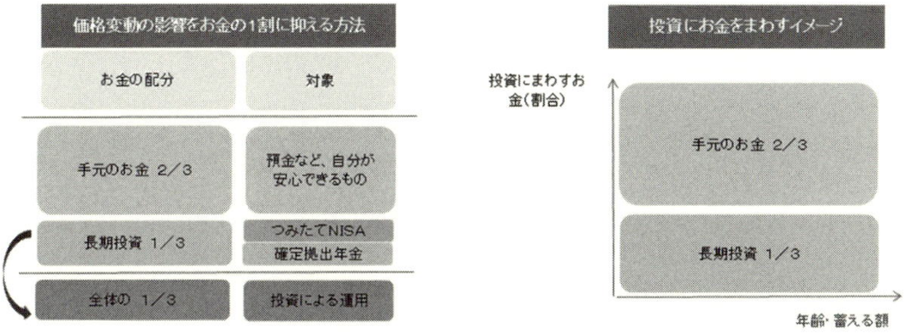

う目線で考えればいいのです。一時的な評価損は、将来にわたる損失ではありません。そう考えると、投資にお金をまわすことは、それほど怖いことではありません。ましてや積み立てであれば、最初の頃は価格下落が全体に与える影響は大きくないので、それ

ほど気にすることもありません。このようにしてみると、私たちは、損失の可能性を過度に恐れて、十分に資産形成のための投資にお金をまわしていないのが実情です。精緻に行う必要はないので、3分の1でもできるときにしっかりとしておきましょう。

資産形成の教科書では、これよりももっと多くのお金を投資にまわすことを推奨しています。参考に3つの考え方を紹介しましょう。それは、①お金を3分の1ずつにわけて、預金、すぐに引き出せる運用資産、引き出せない長期の資産形成にまわすお金にする考え方。また、②生活費として6ヵ月分程度は預金等で確保しておき、それ以外は資産形成にまわすべきという考え方。最後は、③「100－いまの年齢」で投資にまわすお金の割合をイメージすればよいというものです。

最初の資産3等分の考え方は、全体の3分の2は何らかの形で資産形成にまわすべきという比較的積極的なものです。2つめの6ヵ月程度のお金さえ手元に確保しておけば、残りのお金は資産形成にまわすべきという考え方も、投資に多くのお金をまわすべきという考え方の変形バージョンです。最後の「100－いまの年齢」の割合で投資にお金をまわすべきというものも、現役世代の働き盛りである50歳以下であれば、半分以上のお金を資産形成にまわした方がいいというものです。実は、これが3つのなかで一番保守的なものかもしれません。いずれにしても、すべてのパターンにおいて、手元に置いておくべき一定のお金以外は、資産形成にまわすべきと教えています。

それに対して、私たちは十分にお金をまわせていません。すでにお話しした家計の金融資産の構成をみると、預金に半分を置き、次いで生命保険関係に多くのお金をかけていて、投資にまわしているのは全体の３割にも満たないものです。しかも、投資信託などの購入者の多くが高齢者であることを考慮すると、資産形成層と呼ばれる現役世代の若い人たちは、投資にはお金の１～２割程度しかまわしていないのではないでしょうか。

第9章

資産形成の手順を確認しよう

ここでは、いままでお話しした資産形成の手順を再確認しておきましょう。長期の資産形成における投資信託の選び方、非課税制度の利用のポイント、そして、参考として、どれくらいのお金を投資にまわすのが妥当なのかお話ししてきました。これらを組み合わせて資産形成を行う全体像のイメージを持ちましょう。

●実際の手順を整理する

ここで、これまでの資産形成を考える手順を整理しておきましょう。最初に考えるのは、投資にまわすお金の大きさです。できるだけ投資にまわしなさいとは言いませんが、一般的な考え方に基づくと、自分が漠然と想定しているよりも比較的大きいお金を資産形成にまわすことができます。投資額の大きさによって、得られる収益額は大きな影響を受けます。投資にまわすお金を最初に決めること、それも比較的大きなお金をまわすことがポイントです。もちろん、自分が理解できない得体の知れないものに投資することや、セールス担当者に言われるままに投資信託や保険商品を購入することではありません。経済活動にともなって長期の時間の経過と共に収益を得られる資産に、幅広く分散投資をすることが前提です。自分で整理できなければ、価格の変動に耐えられるお金の配分の考え方を参考に、蓄えられるお金の３分の１程度を投資にまわすと良いでしょう。

次のポイント、それは非課税口座の利用です。非課税の代表格は、確定拠出年金とつみたてNISAです。その経済的なメリットについてはすでにお話したとおりですが、難しく考えずに、半々ずつの利用でもよいので、非課税制度が使えるのであれば積極的に活用しましょう。同じように資産形成に取り組んでも、非課税口座を利用するかどうかによって、自分が最終的に得られる収益額に大きな差が生じます。非課税口座を利用しないのは、目の前にある割引券やポイントカードを使わないようなものです。お金をどこに置いておくのかによって収益が違うのであれば、お金の良い配置を考えるべきです。

注意点として、会社で働いている場合には、企業型確定拠出年金の制度があるのか確認しましょう。なぜかと言えば、iDeCo（個人型確定拠出年金）は自分で申し込みますが、企業型の場合、あるときに会社から一方的に「年金の制度を（確定拠出年金に）変えました」と通知されても、自覚していない人が多いからです。念のため、自分の会社では企業としての確定拠出年金制度が用意されているのかどうか、用意されているのであれば、自分はどれくらいの金額を何に毎月積み立てているのかを確認しましょう。加入していれば、運営管理機関と呼ばれるところから年に数回、運用の報告書が来ているはずです。

勤めている会社で確定拠出年金を行っている場合には、企業型確定拠出年金とつみたてNISAの組み合わせ、そうでない場合には個人型確定拠出年金とつみたてNISAの組み合わせになります。

そのうえで、何に投資をするのか？　どのような投資信託を選ぶのか？　本書では外国の株式に幅広く投資するタイプで費用の低いインデックス型の投資信託をお勧めしているので、この点で色々と迷うことはないでしょう。少なくとも、残りの投資期間が20年近くあるのであれば、このタイプの投資信託で十分です。

●人生100年時代だから、50歳からでも間に合う

いまから20年と言われると、すでに50歳の人は一瞬躊躇されるかもしれません。「70歳のために投資をするの？」と感じるかもしれませんが、いまや人生100年時代です。私はいま50歳を少し

超えたところですが、つみたてNISAを公的年金が受けられる65歳までは積み立て続けたいと考えています。次のように考えてみてもらうと、私がどうしてこの年齢になってもつみたてNISAを続けようと思うのか理解してもらえるはずです。

仮に45歳につみたてNISAにまわした40万円は、20年後の年金受給が始まる65歳に投資収益を伴って満期となります。毎年40万円のお金をつみたてNISAの制度を利用して64歳まで続けたとすると、20年後の65歳から平均寿命と言われる84歳まで毎年、満期になる投資収益が年金生活の大きな足しになるはずです（**図表９－１**）。

第５章でお話ししたように、過去の数十年において、世界の株式に20年以上の長期で投資をした人は、毎年、年率５％（20年間で2.7倍）の収益を手にすることができました。人生100年時代になると、50歳でも60歳でも、まだまだ長期の資産形成を十分に視野に入れられる年代です。年金をもらうことができる65歳（将来は年齢が引き上げられるかも知れません）が資産形成の終点ではありません。年金は老後の生活を十分にまかなえる金額ではなく、足りない部分を65歳までに資産形成で補うことは難しいからです。私たちは、長期の資産形成を前提に生きていく時代なのです。

繰り返しになりますが、資産形成の必要性を確認したうえで、①投資にまわすお金の配分をイメージし（第７章）、②非課税制度の活用を優先し（第６章）、③どういったタイプの投資信託にするのか（第５章）。資産形成の手順を実際に行う順に並べると、

【図表９－１】45歳から20年間にわたり、つみたてNISAで積み立てを行った場合

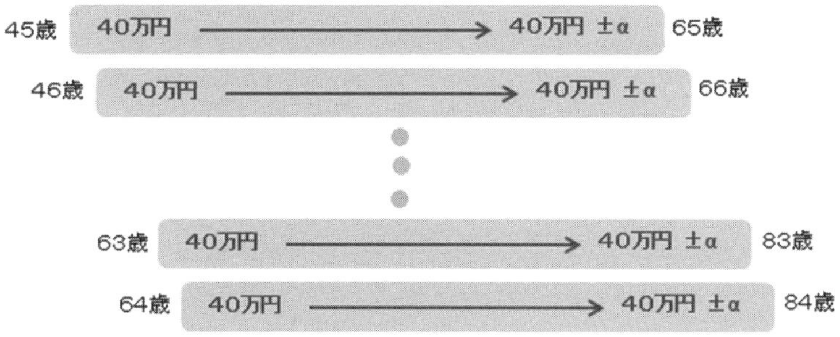

【図表９－２】実際に資産形成を行う際の手順

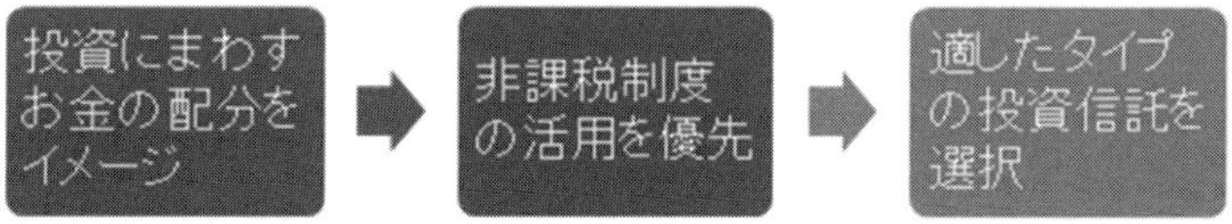

この流れになります。本書ではわかりやすくお話しを進めるために逆の順番で章立てをしましたが、これさえ決めれば、あとは取引する金融機関を決めて手続きをすれば完了です（図表９－２）。

●３万円を預貯金などにまわすことができる場合

では、いままでのお話をもとに、仮に給料等のなかから月々３万円のお金を将来のために貯金等に振り向けられるとした場合には具体的にどういった形になるのか、確認しましょう。

お金（この場合には３万円）の多くを投資にまわしても良いのですが、価格が動くことに抵抗感があるとします。そうであれば、一時的な損失でも耐えられる考え方を用いて、保守的に、３万円の３分の１を目安にすると良いです。１万円であれば、価格が万が一に３割下がっても、全体に与える影響は１割程度にとどまります（それでも心配なら、5,000円からでも構いません）。一時的に価格が大きく下がっても、自分のお金全体に与える影響が限られた範囲内に抑えられることが予め想定できていれば、安心して資産形成が続けられますよね。

では、１万円をどのような非課税口座に配分するのか？　基本的には、確定拠出年金とつみたてNISAの上限に達するまでは、両方を半々程度で利用するイメージでよいでしょう（厳密に半々にこだわる必要はありません、おおよそでいいのです）。

１万円のケースでは、確定拠出年金とつみたてNISAに5,000円ずつ振り分けることになります。確定拠出年金は企業型、個人型、そのなかでも細かく上限が決まっているのですが、おおよそ月額１万円から２万円台です。一方で、つみたてNISAはだれでも月額３万円と考えればよいでしょう。月に１万円であれば、それぞれの上限を気にせずに振り分けることができます（図表９－３）。

長期投資にまわすお金が月額４万円から５万円程度までであれば、一般的には、確定拠出年金とつみたてNISAを使うことで十分に対応できます（確定拠出年金が上限になったときは、半々にこだわらず、残りはつみたてNISAへの配分を増やせば良いです）。

【図表９－３】お金を振り分けるイメージ

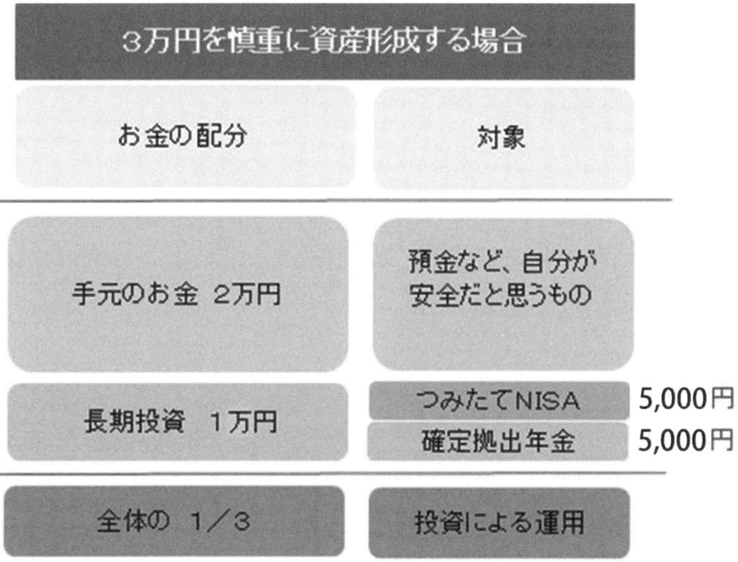

では、投資にまわすことができるお金が５万円の場合はどうでしょうか？　企業型の確定拠出年金がある場合には、会社の掛け金上限を確認してください。会社に企業型の制度がない場合には、個人型としての自分が利用できる掛け金の上限を確認しましょう。

公務員のケースで５万円の場合にはどのようにしましょう？　公務員の場合には企業型の確定拠出年金はないので、iDeCoとつみたてNISAの活用になります。それぞれに５万円のうちの半々の２万5,000円を振り分けたいところですが、確定拠出年金の上限は１万2,000円なので、さらにつみたてNISAを上限の３万円まで利用します。それでも8,000円は余裕が生じるので、それは一般の口座で運用することになります。

自分の身に置き換えて考えてみると、安定的に長期にわたって月々５万円も投資にまわすことができる人は多くはいません。非課税口座を使いきってしまうのは、贅沢な悩みでもあります。簡単に試算しても、投資にまわすお金が月々５万円もあれば、値上がりや利息がつかなくても、積み立てたお金だけで30年間では合計1,800万円になります。

繰り返しておきますが、お金の振り分けは細かい部分にこだわらないことです。個人の事情もあるので、厳密に確定拠出年金とつみたてNISAを半々にしなければダメというものではありません。また、若い世代から始めるのであれば、結婚、教育、マイホームなど資金が必要になる可能性もあるので、確定拠出年金とつみたてNISAの割合を１対２程度で考えておくとよいでしょう。どちらも途中で積立を一時停止や減額する措置は可能ですから、生命保険などと違って、最初から「掛け続けられるかしら？」などと過度に神経質になる必要もありません。

最後に、確定拠出年金が使えない年齢に達した場合について、念のため確認しておきましょう。現在の制度では、確定拠出年金は60歳以降では利用できません。このケースでは、非課税制度はつみたてNISAしかありません。そのため、つみたてNISAをフルに活用することです。具体的には、月額３万円まではつみたてNISAだけの利用とし、それを超えたお金であれば、一般の口座で運用することになります。

一方で、60歳までに確定拠出年金によって運用してきたお金はどうすべきでしょう？　その後の個人の所得の大きさによって税金の扱いが変わってくるので、退職時の一時金でまとめて受けとることがよいのか、年金タイプで分割して受けとるほうがよいのか分かれますが、いずれにしても、受け取ったお金のなかで余裕がある分は、資産形成として投資を続けるべきです。その際に、まとめて受け取ったお金の大部分を投資すると価格変動の影響を大きく受けてしまいます。分割して積立投資として資産形成を継続することをお勧めします。

●どうすれば1,000万円まで増やせる？

世間では、「月々○千円でも老後は安心」とか、「たった１万円の積み立てだけで1,000万円貯まる」といった見出しの本が書店に並んでいます。運よく10倍や20倍になる株式を見つけて投資をすればお金が大きく増えることはありますが、積み立てによる資産形成では、お金を増やすための奇をてらうような方法は絶対にありません。何にどれくらいのお金を何年間続けられるのかによって、どれだけ貯まりそうなのかが決まります。

ここでは、最後に、「どれくらいのお金」を「どのような利回り」で「何年間積み立て」れば「どれくらい増える」のか、その目安になるものをお示ししておきましょう。これをもとに、自分が月々

【図表9－4】月々1万円（年間12万円）の積み立てでどれだけ増える？

	□年後に何万円になっているのか				
	投資で想定する利回り				
□年後	預金(0%)	1%	2%	3%	5%
5年後	12	12.6	13.2	13.9	15.3
10年後	12	13.3	14.6	16.1	19.5
15年後	12	13.9	16.2	18.7	24.9
20年後	12	14.6	17.8	21.7	31.8
25年後	12	15.4	19.7	25.1	40.6
30年後	12	16.2	21.7	29.1	51.9

にどれくらいのお金を投資にまわしたらよいのか、参考にしてください。

図表9－4は、月々に1万円の積み立てを行った場合にどれだけお金が増えるのかを確認できる早見表です。

表の見方をお話しします。横軸には、どれくらいの利回りで投資ができるのか、0％～5％までを示しています。そして、縦軸には、月々1万円（年間12万円）をその利回りで何年間投資するのかを示しています。縦と横の交わった数字が、1年間積み立てた12万円が何万円になるのかを示しています。

例えば、赤丸で囲ってある数字21.7は、毎年3％の利回りで20年間運用すると、12万円は20年後には21.7万円になっていることを意味します。

もし、この年間12万円の積み立てを20年間続けるとするとどうでしょう。いまの数字を20倍すればよいのです。投資をしなければ（０％）、12万円×20（年間）＝240万円ですが、３％で運用できれば21.7万円×20（年間）＝434万円になります。この倍の月々２万円にしておけば1,000万円にグッと近づきますよね。

何度か図表などで引き合いに出している、世界の株式に20年間投資をした場合、ここ数十年では５％以上の利回りを得られていたので、12万円が20年後には31.8万円になっていたことになりますね。積み立てを20年間続けていれば600万円以上です。

お金がどのように増えるのかは、この計算以外に余分なトリックはありません。ですから、どんなに興味を引く見出しの本や記事があったとしても、特別な増やし方はありません。どれだけのお金を投資するのか、何に投資するのか、どれだけの期間にわたって積み立てを続けるのか、これで決まります。

私たちは、世界の株式という、投資できる対象の中でも高い収益が見込まれるものに投資しますよね。そうすると、あとは、（月々に）どれくらいのお金を投資に回すのか、そしてどれだけの期間続けられるのか、将来の蓄えを決めるのはそれだけです。ここで、簡単に当てはめられる式を記載しておきましょう。仮に月々２万円、利回り３％で20年間続けた場合には、確定拠出年金の節税効果も含めて1,000万円の計算になります（**図表９－５**）。

上段の式の□には、先ほどの表の数字（利回り＆何年後、図表の例では21.7）を入れます。このように試算しながら、どれくらいのお金を資産形成にまわすのか考えてみるのも良いでしょう。

【図表9－5】想定した投資で増えるお金

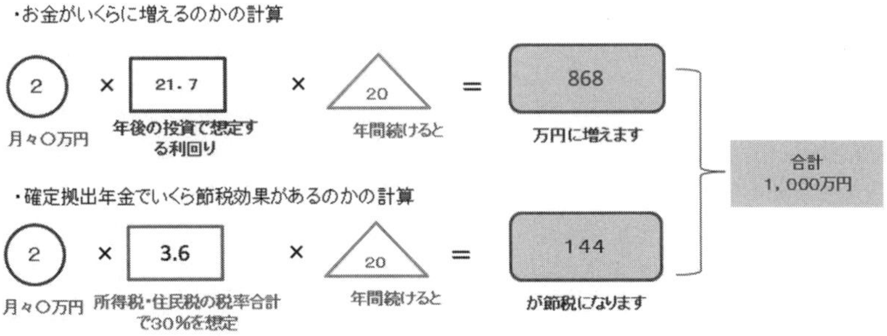

最後に、自分で試算するための枠を掲載しておきます(図表9－6)。

【図表9－6】想定した投資で増えるお金のイメージ

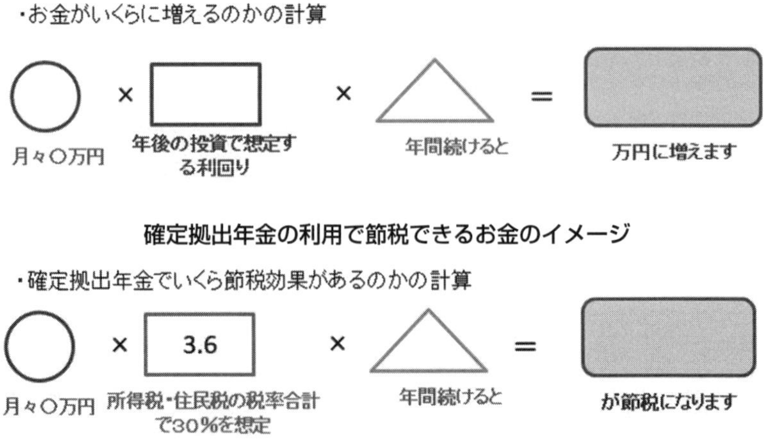

第10章

金融機関でスムーズに投資信託を選ぶコツ

私たちが実際に資産形成を行うには、銀行や証券会社といった金融機関に対面で相談するか、それとも非対面として人を介さずにネットで取引することになります。特に、資産形成のように知らないことが多い場合には、金融機関に相談する場合が多いでしょう。それに対して、よく知らないで相談すると、金融機関の都合のいいようにされてしまうのではないかと抵抗感を持つ人もいます。

ここでは、実際に資産形成を始めるにあたって、金融機関の担当者に対して何を伝えればいいのかについてお話しします。目的を具体的にしっかりと伝えることができれば、逆に金融機関の担当者は使い勝手のよい相手でもあるのです。最後に、ネットで取引する場合の方法についても確認します。

●「金融機関で投資信託を買ってはいけない」って本当？

私たちが金融機関に出向いて、資産形成をしたいと相談すると、どういう対応をされるのでしょう？　金融機関が販売したい商品をセールスされる？　あまり経験がなさそうな若い担当者が出てきて不安になる？　タブレットを持ち出されてよくわからない市場の動きを見せられる？　色々なことが考えられますよね。悪いことばかりではなく、良いことがあるかもしれません。

そういうときでも、担当者に任せることなく、こちらからこういう投資信託に積み立てたいとしっかり言えればいいですよね。そうすれば、担当者もそれに対応してくれるはずです。つまり、自分の目的がはっきりせずに漠然と問い合わせると、相手も色々と詮索して、良かれと思ったものを提案したり説明したりするなかで、当初のイメージとは違うものになったりもします。それに対して、目的がはっきりしていれば、担当者もそれに適したものを見定めて提案してくれるはずです。

車でも、予算の上限が明確で、何を重視したいのかポイントを定めていれば、セールスマンもそのなかから良いものを選んでくれますよね。それを、漠然と「もっと車内の広い車にしたい」と伝えれば、色々な候補があり、相手も自分も迷ってしまいます。

そうこうしているうちに目移りして、当初とは違った車を買ってしまうこともあるでしょう。

誤解があるかもしれませんが、金融機関の担当者は信頼できる人たちです。銀行や証券会社といった金融サービスは「人」がすべてであり、「人」そのものが価値だからです。そのため、お客様から信頼されるためのサービスを提供しようと日夜頑張っています。「銀行員から投資信託を買ってはいけない」といったニュアンスのことが一時言われましたが、金融機関に身を置く私としてもかなりの違和感があります。彼らはむしろ、モラルが高く、仕事に対して誠心誠意を持って頑張る人たちです。

たしかに、金融機関のすべての担当者が、個人の資産形成ニーズに柔軟かつ完璧に応えられているとは限りません。そのため、一定のルールのもとで、顧客に適していると思われる金融商品を販売するスタイルを用いています。それが、ときには顧客のニーズを十分に汲み取れずにミスマッチになることもあります。しかし、顧客の意向に反してまで、自分たちの都合で投資信託などの金融商品を販売することはしていないと信じています。

逆に、それこそが銀行など金融機関が信頼できる点です。悪徳業者と信用できる人たちの違いは、悪徳セールスは顧客が躊躇しても自分が売りたい商品への契約を促しますが、金融機関の担当者でそういうことをする人はいません。明確に「こういう目的なので、こういう投資信託を教えてほしい」と伝えれば、確実に顧客のニーズに応えてくれます。ですから、私たちは、金融機関の担当者に自分の目的と選びたい商品を正しく伝えられることが大切です。

すべての人がネットで取引できれば、そういう不安もなくなるのでしょうが、ネット取引が苦手な人や、専門家と相談しながら物事を決めていきたい人もいますよね。そういう人にとっては、あらかじめ自分が伝えたいポイントを整理して、それを用意したうえで金融機関に行けばいいのです。そうすれば、親切丁寧に対応してくれること間違いなしです！

また、銀行をはじめとした金融機関は、長期の積み立てによる資産形成の顧客獲得にかなり力を入れるようになってきています。まして、新規の顧客であれば、歓待されるはずです。身構える必要はありません。

●金融機関の担当者に伝える３つのキーワード

では、長期の資産形成のために、金融機関に対してどのような話をすれば良いのでしょう。そのポイントはそれほど多くはありません。いままでお話ししてきたエッセンスを踏まえた３点で事足ります。資産形成の目的と、どういった投資信託を、どういう形で購入したいのか、これだけです。

家電製品を買うことを想像してみてください。電子レンジが壊れたから買い換えたい（目的）、温める機能があれば良い（どういったもの）、現金でなくクレジットの３回払いで支払いたい（どういう購入の形）に相当します。では、なにを伝えればいいのでしょう？　それを以下に列挙します。

■どういった目的で投資したいのか

将来のために長期で資産形成をしたい。（そのため、つみたてNISAを行いたい、確定拠出年金で資産形成をしたい）

■どういった投資信託を選びたいのか

費用が低いインデックス型の投資信託で、世界の株式に幅広く投資するタイプを選びたい。

■どういう形で購入したいのか

積立型で、毎月一定のお金を積み立てたい。

端的に示せばこれだけで済みます。本当に簡単ですよね。味気ないくらいです。資産形成の目的は人によって様々です。高い金利を得たい、お小遣い代わりに安定した分配金を受けとりたい、いま人気の投資信託を買ってみたいなどによって、提供される投資信託は違ってきます。そのなかで、長期間で投資できる人は、特定の目的の難しい投資信託ではなく、長期間保有しても費用負担の少ない、インデックス型の投資信託を選べば良いのです。また、特定の国に偏ることなく、世界の国々に幅広く投資するタイプを選べば良いでしょう。こういった投資信託は、私の知る限り、すべての金融機関で取り揃えられています。具体的にどの投資信託を選べば良いのかについては、第５章でお話しした通りです。

最後に、購入の仕方は、一度にまとまったお金で買うのではなく、生命保険の掛け金のように、毎月一定金額を口座から引き落としていく積み立て方法にしたいと言えばいいだけです（つみたてNISA、確定拠出年金は、月々の積み立てが基本です）。

もし、こういった投資信託は当社では扱っていないなどと言われたら、その金融機関のサービスはあまりよくないと考えて、他の金融機関で取引したほうが良いでしょう。すべての金融機関が一律に同じサービスを提供しているとは限りません。預金の預け入れであればどの金融機関も基本的に変わりませんよね。丁寧な応対という面でのサービスも受けられます。しかし、本来の金融サービスはそれだけではありません。顧客が取引したいものを取引したい方法で提供できるかどうか？　これこそがサービスです。これからは、私たち投資する側が金融機関を選ぶ立場にあります。

また、事務的なことを言えば、金融機関にとって初めて投資信託を購入する人であれば、普通預金とは別に口座開設などの取引が必要になるので、身分証明ができる免許証や印鑑の持参も必要です。

金融機関では、顧客に特定の投資信託を販売して良いかどうかのチェックをします。それは、顧客に過度なリスクを負わさないためです。あなたの投資への適性を調べるための質問に答えると、「株式は、あなたのような初めて投資をする人にはリスクが高い資産」だと言われるかもしれません。価格の動きの大きさだけを考えるのであればそういうケースもあるでしょう。そういったときも、「長期の資産形成をしたい、株式の収益性が高いことを期待している」と言えばよいです。投資は最終的にお金を出す本人の自己責任ですから、本人の意向が最優先されます。販売担当者はあくまで提案やアドバイスをする立場に過ぎません。

もし仮に、「いまはこちらの投資信託をお勧めしていますけれど……」などと言われても、話を聞いてあげなくては悪いなどと思わずに、自分の意思を再度しっかりと伝えましょう。担当者によっては、そのお店が積極的に売り出しているタイプの投資信託を、とりあえず一回はお客様に提案するようにと言われているかもしれません。また、インデックス型ではなくて、似たようなタイプで費用が高いアクティブ型の投資信託を勧められてしまうことがないとも限りません。よく知らないことや自信のないことについて、専門家から話を聞くと、つい、迷ってしまうものです。そういうことのないように、あらかじめ伝えたいことの３つを確認して担当者に伝える、それができれば問題ありません。

●金融機関はどのように投資信託を提供する？

銀行や証券会社などの金融機関で実際に投資信託を選ぶ際に、どのようなタイプを選ぶのか、何を伝えればよいのかについてはすでにお話ししました。ただ、各金融機関において、つみたてNISAや確定拠出年金といった非課税の口座で投資信託を選ぶ際に、私たちはどのような中から選ぶことになるのか？　取引したことがない人にとってはイメージが湧きませんよね。ここでは、①各金融機関が普通に投資信託を取り扱う場合、②つみたてNISAとして取り扱う場合、③企業型や個人型（iDeCo）の確定拠出年金で取り扱う場合に、投資信託はどのように選ばれて私たちに提供されるのかお話しします。これは知らなくても資産形成はできます。背景を知っておくというくらいで読んでもらえれば十分です。

金融機関は、各社がそれぞれに扱う投資信託を選んで販売しています。そのため、１つの銀行ですべての投資信託が扱われているわけではありません。非課税制度の枠組みでなく、普通に個人が投資できる投資信託は、世間では5,000程度もあります。銀行などは、その中から200程度の投資信託をメインの販売用として取り扱っています。どの金融機関でも取り扱われている定番に近いスタンダードなタイプに加え、金融機関の販売戦略によって扱われている投資信託で構成されています。なお、同じ金融機関でも、窓口で取り扱うものとネットで取り扱うものには多少の品揃えの違いがあります。

そのなかにおいて、私たちが長期の資産形成で選ぶのはスタンダードなタイプなので、どの金融機関でも取り扱われています（金融機関ではスタンダードとか販売戦略といった明示はしないので、このような単語を使っても伝わりません）。これが、一般的な投資信託の取り扱いです。ただし、ネット証券と呼ばれるところでは、窓口での対応をしないかわりに多くの投資信託を取り扱っていることが売りの１つなので、1,000以上の投資信託を取り扱っています。

これに対して、非課税制度であるつみたてNISAの場合には、まず、金融庁が長期の資産形成に向いているとする投資信託の採用基準を設けているので、その基準にかなう投資信託は入り口から150程度に絞り込まれています。さらに、各金融機関がその中から取り扱う投資信託を選んで、少ないところでは５つ、多くても20程度を選んで取り扱っています。それに対してネット証券では50以上を取り扱っています。つみたてNISA用の投資信託は長期の資産形成に適したものが選ばれているので、本書でお話しした、外国株式に幅広く投資するタイプの投資信託は、すべての金融機関で取り扱われています。

もう１つの非課税制度である確定拠出年金では、企業型と個人型によって少し異なります。確定拠出年金では運営管理機関と呼ばれる組織が金融機関の役割を果たします（実際にも、金融機関が運営管理機関になっています）。企業型の場合には、運営管理機関と相談しながら、各企業が主体となって従業員が投資できる投資信託を選びます。１企業当たり平均18程度の投資信託（上限は35ファンド、個人型も同じ）が選ばれていて、その中から各企業の従業員が自分で選ぶ流れになります（**図表10－1**）。

iDeCoの場合には、私たちにとっては区別がつかないのですが、

【図表10－1】一般、つみたてNISA、確定拠出年金の投資信託の選ばれ方と数

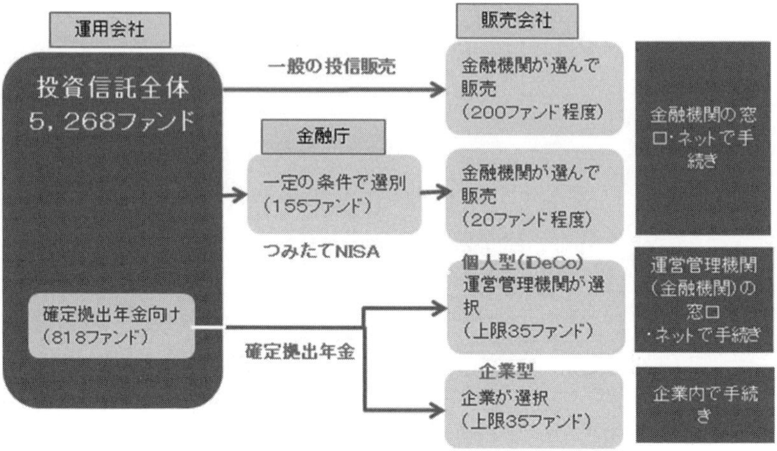

※ネット証券や大手金融機関ではもっと多くの投資信託を取り扱っています。

出所：三菱アセット・ブレインズ

金融機関が運営管理機関の立場として10～20程度の投資信託を選んで取り扱っています。私たちはiDeCoを申し込んだ金融機関（正確には運営管理機関）が選んでいる投資信託の中から自分で選ぶことになります。企業型、個人型のどちらにも、本書でお話しした長期の資産形成に向いたタイプの投資信託は採用されています。確定拠出年金も、つみたてNISAと同じく、老後に向けた長期の資産形成のための制度であることから、費用が低いスタンダードなタイプはほぼ必ず取り扱われているからです。

私たちがつみたてNISAと個人型確定拠出年金の両方を利用する場合には、金融機関で２つの手続きと取引をすることになり

ます。同じ金融機関でもOKですし、別々でも構いません。つみたてNISAは、一般的に銀行で取引する投資信託の購入において、非課税制度を用いるものです。それに対して、個人型確定拠出年金は、金融機関が運営管理機関という立場で投資信託を提供しているので、同じ金融機関でも入り口（窓口）が違います。変な感じもしますが、お役所でも各種の手続きをするときに窓口が違うようなものだと思ってください。

少しはイメージをもってもらえたでしょうか？　投資信託などの金融商品は、目に見えるものではないので、わかりにくいですよね。いままでのことを簡単にまとめると、銀行などの金融機関によって取り扱う投資信託は違い、そのなかでも非課税制度向けの投資信託はさらに限定されています。ただ、いずれの場合にも、スタンダードなタイプの投資信託は用意されているので、どのタイプを選ぶのかを理解しておけば大丈夫です。

●ネットで取引する場合の投資信託の選び方

金融機関の窓口で相談して投資信託を選ぶのではなく、ネットを通じて自分で行う場合はもっと簡単です。つみたてNISAとして口座を開いておくかどうかは別にして、次の手順で選んでいけば、望ましい投資信託に辿り着けます。

①　金融機関の投資信託の画面を開く。

② 投資信託の検索機能で、「インデックス型（若しくはパッシブ型）」、「外国株式（若しくは日本を含む世界の株式）」を選ぶ。

選択肢に「外国株式（若しくは先進国株式）」と「新興国株式」がわかれている場合には、「外国株式」を選びます。

③（②と同時でもよいが）米国や欧州といった特定の国・地域ではなく、世界に幅広く投資するタイプを選ぶ。

これで検索すれば、私たちが投資したい投資信託の一覧が表示されます。

④ 投資信託のなかには、上記①〜③を満たしたもののなかでも、「為替ヘッジあり」と「為替ヘッジなし」があるときは注意して、為替ヘッジなしを対象とする。

また、新興国だけに投資する投資信託は避けます。

これだけです。少し補足しておきましょう。ネット専用証券の場合には、あらかじめ口座開設の手続きをしておく必要があります。また、さらにつみたてNISAの制度を利用するのであれば、その手続きも済ましておきます。投資信託を選ぶよりも、これらの手続きの方がよほど面倒くさいので、途中で投げ出さずに手続きしてください。

最初の①については問題ないですよね。自分が取引している、若しくは取引したい金融機関のネット画面を開きます。

次に②、③により投資信託を限定して検索し、その中から④「為替ヘッジなし」がないことを確認します。為替ヘッジがある場合には、投資信託のファンド名に「為替ヘッジあり」「為替ヘッジ型」などが明示してあるので、簡単に確認できるはずです。逆に、為替について何も書いていない場合には「為替ヘッジなし」であることが一般的です。

それでも、多くの投資信託を扱う金融機関であれば、たくさんの投資信託が並んでいることもあります。この際にどういった投資信託を選ぶのかについては、第5章に詳しく示してあるので再確認してください。

引き落とし口座を設定します（これは投資信託を選ぶ前でもできます）。取引するネット金融機関と同じ場合には手続きは比較的簡単です。一方で、異なる金融機関から自動引き落としを設定する場合には、少し手続きが複雑になりますが、通常は画面操作通りにゆっくりと確認していけばできるはずです。実は、金融機関のサイトを作成・管理しているのは金融機関から委託を受けた特定の数社が行っている場合がほとんどなので、サイトの仕組みはそれほど違いはないはずだからです。

資産形成の経験がある人、また、経験はなくても比較的若い人であれば、ネット取引でも始められるでしょう。色々と資産形成を相談したい人は窓口で相談しながらの取引が向いていますが、本書に示した通り、目的や選ぶ投資信託がはっきりしているのであれば、ネットでも十分です。最近は、ネットの場合には、つみたてNISAでは書類請求をせずに手続きできる金融機関も増えてきているので、慣れている人には簡単かもしれませんね。

第11章

貯まる仕掛けを作るまでは投げ出さない

資産形成を始めようと思い立っても、事務手続きが煩わしくなって止めてしまう人が多いです。また、それを乗り越えてスタートラインに立っても、いざ投資信託を選ぶ段階でどれを選んだら良いかわからずに放り出してしまう人もいます。資産形成は他人に語ったり、自分の知識を増やすためにあるのではありません。実際に始めることが大切です。

具体的にどのような手続きをすればよいのかについては、ネットや金融機関で確認できるので、ここでは、資産形成を始めようとする人の多くが陥りやすい注意点についてお話しします。実際に手続きをする前に知っておくと、多くのハードルを一気に乗り越えられるはずです。

●資料請求で止めてしまう人が意外に多い

若い人は、スマホを通じたネット上の手続きで処理できるので、「資産形成をしよう！」と思い立ってから、時間さえあれば口座開設までの手続きをどんどん進めることができます。つみたてNISAを行うにはマイナンバーの登録が必要ですが、いまではスマホで読み取ることで登録ができます。でも、年配の人やスマホによる手続きに不安を感じる人はそうもいきませんよね。また、確定拠出年金の場合には確認事項等の書面による手続きが必要なので、書類によるやり取りが基本です。

何かをきっかけに、せっかく資産形成を始めようとして資料請求をするまではよくても、そこで止まってしまう人が本当に多いのです。これは、投資の初心者だからという理由だけではなく、私の身の回りでも投資の知識がある人や、実際に投資信託の購入歴が10年以上ある人でも、つみたてNISAのときは途中で止めてしまったようです。資料請求の段階では「よし、やるぞ！」と気持ちが高まっても、その場で資料が見られるわけではありません。数日後に資料が郵送で自宅に届いて、週末に開いてみようと思いながらも、他の郵便物と一緒に机のうえに山積みになり、最終的に放置されてしまうケースが意外と多いです。これは、つみたてNISAや確定拠出年金に限ったことではありません。少し時間が空いてしまうと気持ちがさめてしまい、「いつかすればいいから」となってしまいます。資料請求で安心してしまうこともあるでしょう。「あとは書いて出すだけだから……」、そう思いながらも月日が経つと興味はドンドンと失せていくものです。もう少し手続き的に簡素で、やる気が起きたときにすぐに手続き完了となるように工夫してもらいたいものです。

投資や資産形成の知識がある人でもそうですから、ましてや、投資信託の購入をしたことがない人、また、この本を読んで初めて資産形成のために投資をしてみようと考える人にとっては、かなり面倒な作業に感じること間違いなしです。金融機関に対して、銀行預金口座以外に証券口座の開設や申告書類の提出までしなくては開始できません。

また、初めての人にとっては、金融機関の窓口で、印鑑と身分証明になるものとマイナンバーを持参して、その場で一気に手続きした方がまだいいかもしれません。必要なものさえ持参していれば、窓口の担当者がテキパキと説明しながら手続きを進めてくれるからです。その時は煩わしいと感じても、言われるままに事務手続きをすることで、余計な時間をかけずに資産形成への入り口が見えてきます。ご高齢の夫婦が、携帯ショップであれこれと操作方法を聞いている姿を目にしますよね。あの光景に似ていると思ってください。わからなくても、窓口の担当者は親切丁寧に対応してくれるはずです。投資の経験がない人やよくわからない人は、金融機関の窓口を利用させてもらうのも１つの方法です。

無料ですべての手続きのガイダンスを受けられます。

いままでも何度か触れましたが、初めて投資をする人のために、手続きのイメージをお話ししておきましょう。銀行預金しか持っていない人は、非課税の制度を利用しようがしまいが、投資信託を購入するには投資をするための証券口座が必要になるので、その開設をします。これは比較的簡単な手続きです。その際に、複数あるうちでどの税制を選択するのか選ぶ必要がありますが、一般的には「分離課税の特定口座（源泉徴収あり）」を選びます。これは、投資によって得られた収益は、給料などの所得とは関係なく、投資に関する収益部分として単独で約20％の税金を払うものです（大金で積極的に投資をしている人は、あえて所得と合算する人もいますが、一般的な個人の資産形成ではそれほど重要ではありません）。収益が発生しても確定申告をする必要はなくなります。窓口の担当者もきっとこちらを勧めるでしょう。

さらに、非課税制度のつみたてNISAや、企業型でなく個人型の確定拠出年金iDeCoを利用する場合には、非課税を適用してもらうための申請が必要になります。この場合、つみたてNISAの方が、個人型の確定拠出年金よりも手続きは簡単です（会社で確定拠出年金の制度が採用されている場合には、会社がすべての手続きを請け負ってくれているので、自分が特別に手続きをする必要はありません）。なぜ、つみたてNISAの方が簡単なのか？　それは、他の所得とは関係なく、投資している収益の部分のみに関する税金の非課税処理で完結するからです。マイナンバーは必要ですが、印鑑と身分証明などで手続きできます（つみたてNISAは2019年より、手続きが簡素化されることが予定されています）。

それに対して、個人で確定拠出年金を利用しようとする場合には、金融機関だけでなく、勤めている会社への申請なども必要になります。所得税にも影響してくるので、所得に関する多くの手続きも行わないといけないからです。そのためかなりの根気が必要ですが、頑張るだけのメリットは十分にあります。ぜひ、諦めずに手続きを進めてもらいたいです。

いずれにしても、事務的な手続きで終わる人はかなり多いようです。そこで諦めたら、きっと老後が目の前になって後悔します。「あのときに始めておけば良かった……」、そうならないよう、時間を空けずに行うことです。

●一気に手続き完了まで

非課税の適用も含め、せっかく頑張って事務的な手続きが完了しても、資産形成を始めるにはさらにもう一山あります。それは、実際に投資信託を選んで具体的に資産形成を始めることです。事務手続きをこなして資産形成を始められるスタートラインに立ったとしても、ここで止めてしまう場合があります。その理由は、どの投資信託にしたらよいか悩んだり調べたりしているうちに次第に面倒くさくなって、放置してしまうからです。さきほどの事務手続きもそうでしたが、「つい、後回しにしてしまう……」、このパターンが結構多いのです。

選ぶ際にたくさんの投資信託が並んでいることは、私たちが選ぶことを難しくしています。ネット通販のように画像があるわけではないので、自分が選びたい投資信託を決めておかなければ、どれがいいのかなかなか決まりません。また、あまりに多くの投資信託が並んでいると、そのために行動を起こす意欲まで失われてしまうことさえあります。実際に、35を超える投資信託が用意されている確定拠出年金の会社では、利用する人の多くがその中からどの投資信託を選んだらよいか見分けがつかず、結局のところ投資信託で資産形成することをあきらめて、預金に置いたままにしているという傾向が顕著にみられるそうです。人間の行動パターンを分析する行動心理学に基づく調査によれば、これよりも少ない10を超える投資信託の選択肢を提示されるだけで、どれを選んでよいかわからなくなって、選ぶことを止めてしまうそうです。

英国では、こういった調査結果から、選ぶことができる投資信託の数を最初から５つ程度に大幅に減らすこともなされています。さすが、金融に関しては常に進んでいる国です。合理的なことはすぐに運営に取り入れることに長けています。

それに対して私たちの日本においては、そこまで思いきった割り切りはされていません。それでも最近になって、確定拠出年金では採用する投資信託の数を35までに抑えることが法改正によって定められました。これで効果があるのかどうかは微妙ですが、無制限の状態にやっと法律によって上限が定められたという点では大きな進歩です。また、つみたてNISA向けの投資信託では、長期の資産形成に適した一定の条件を金融庁が自ら定めることにより、5,000以上もある投資信託のなかから150程度まで思いきって数を絞り込みました（ただし、その中から、実際に個々の金融機関が採用してみなさんに提供する投資信託の数はグッと減ります）。

このように、国も精力的に資産形成が広がるための手を打っていますが、それでもまだまだ数は多いので、よくわからない人にとっては迷ってしまいそうです。色々な名前の投資信託がずらっと並んでいると、投資信託のどの部分を見て確認し比較するのかわからない人にとっては疲れてしまうばかりです。

本書ではこの点を強く意識しました。中途半端ではなく思いっきりわかりやすくすることで、投資信託を選ぶ際の悩みをほぼ完全に解消しようと考えたためです。たとえたくさんの投資信託が並んでいたとしても、見つけ出す方法さえ知っておけば、選択に迷う余地は少ないはずです。

資産形成で迷うことや思い止まってしまう主な理由は、①資産形成は自分には必要ないと思っていること（入り口に立とうとしない）、②やらないといけないかもしれないけれど、自分にはできない、怖い（投資を理解していない）、③せっかく勇気を出して始めてみようと思っても手続きが煩わしくて嫌になる、そして、④どういう制度を利用して何に投資したらよいのか良いかわからない。主にこの４点です。

本書では、できるだけ、これらについて迷わないようにお話ししたつもりです。そのため、選択基準や選択肢を提示する形ではなく、自分のアイデアや希望がない人に対してオーソドックスな選択をシンプルに提案してきました。

いずれにしても、手続きを徐々に進めるのではなく１ヵ月以内などの期限を決めて、その期間は集中して一気に投資信託までを選んで、生命保険で毎月引き落とされるような状況にまでもっていくことです。口座開設や非課税口座の手続きを行い、投資信託を積み立てて投資するお金の引き落とし口座を定め、どの投資信託にするのかまで確定させれば、あとは引き落とし口座にお金がある限り、ほぼ自動的に積み立てによる資産形成は進められていきます。ここまで早くたどり着くことです。最後まで気を抜かないようにしましょう。

当たり前のことですが、給与振り込みなどすでに口座を持っている取引金融機関であれば手続きも管理もしやすいです。違う金融機関で行う場合には、手続きが増えるのでそれだけハードルが上がります。最近、一部のネット系の金融機関では、クレジットカード決済を口座引き落としに利用することにより、クレジット番号を登録するだけで他の金融機関からの引き落とし手続きができるところも出てきましたが、まだ少数です。その点もあらかじめ気に留めておきましょう。こう考えると、資産形成は根気との戦いですね。

●始めなければ何も得られない

投資の経験が少ない人が自ら資産形成に励むには、いくつものハードルがあります。でも、みなさんはここまで読み進められたことで、すでに頭のなかでは長期の資産形成に必要なことはインプットされ、整理できているはずです。

本書を読んでも市場の動きを語る知識は備わりません。色々な投資信託の特徴を説明し比較する力も身に付きません。多様な資産形成ニーズに則した投資信託の選び方もできません。その意味では、資産形成をもっと理解し、色々とお金について知るためには、まだまだ多くのことを学ぶ余地はあります。でも、すべてを知ってから資産形成をしようとすると、時間切れになってしまいますよね。時間を味方につけることが最もシンプルな資産形成の王道ですから。すべての料理を学んで習得しなくても、最初は、長期の資産形成という自分に必要な、ただ1つの料理を身に付けることができればいいのです。そうしているうちに、他の料理のことも徐々に身に付いていくはずです。

どんなに知識を育んでも、投資に詳しくても、実際に資産形成を行わなければなんの成果も生まれません。資産形成は他人のためにアドバイスするものではなく、知識を蓄えることによる自己満足でもありません。自分の将来のために行うものです。それも、仕事や副業とは別に、お金を蓄えながら、さらにお金にも汗をかいて増えるように頑張ってもらうものです。

ただ、お金に頑張ってもらうといっても、お金は急に倍々ゲームで増やすことはできません。ギャンブルで一攫千金を狙うならまだしも、安定的に収益の獲得を目指すのであれば、10年単位の長期にわたる時間をかけるからこそ、確実性の高い収益が見返りとなって得られます。そのためにも、とにかく始めることです。安心で堅実な資産形成には時間が必要だからです。

人生においても、「とりあえず始めてみよう」というメッセージをよく見ますよね。行動を起こさなければなにも始まらないと。むしろ、少々は向こう見ずであっても、行動を起こせる人こそが目的を達成する可能性があるというメッセージを多くの経営者や成功者は語っています。うんちくばかり並べてアクションを起こせない批評家よりも、行動に移せる人こそが成功への第一歩だと記しています。

たかが資産形成についてそこまで言うのかという意見はあるかもしれませんが、資産形成こそ、思いきって一歩を踏み出すべきものです。それは、自分の人生のメインである仕事やキャリアのように、その先の生き方を変えてしまうような勇気ある決断と比べれば、お金に関することはそこまでの勇気は必要ないからです。長い人生のなかで、実生活でのキャリアをしっかりと保っていれば、少々のことは十分に取り返せます。もちろん、何度もお話ししているように、長期の資産形成はギャンブルや賭け事とは違い、お金を増やすことができる理屈が備わっています。だからこそ、より一層前向きに捉えてもらいたいのです。

本書を読まれる人のなかには、比較的若い、20〜30代の人もいるかもしれません。その人たちにぜひお話ししておきたい、多くの人が気づいていないことがあります。私も若いときには気づきませんでしたが、会社の先輩で、遊んで暮らせるくらいの資産家の人から指摘されたことです。月々に貯蓄ができるような正社員で働いている多くの若い人が見過ごしているもの、それは、自分の信用力の活かし方だというのです。たとえば、マンション購入のために銀行から数千万円の借金ができるのも、若いから将来の収入の可能性を担保にお金を借りられる。年齢が50歳になれば数千万円の借り入れはできないと。それなのに、多くの若い人は、その信用力を有効に活用せず、新築のマイホームや新車の自動車といった、収益を生まず、逆に時間とともに価値が確実に減ってしまうものに使っていると。

若いうちに、信用力を活かして、収益を生むものにお金をまわすことに気づいた者が資産を築ける人だと言うのです。私も新築のマイホームと新車を購入した口ですから、この先輩からすれば残念な部類であったのかもしれませんが、ぜひとも若いうちに聞いておきたかった話です。これは、銀行から借金してまで資産形成をした方がいいと言っているのではありません。若いうちから収益を生むものに対してお金を振り向けることの大切さとともに、若さという信用力を、収益を生まないものに不必要に使わないことをお伝えしています。たった一度の人生です。老後を見据える年齢になったときに、少しでもなんとかしておけばよかったと後悔しないように、自己実現への挑戦とともに、資産形成への取り組みにも励んでおくことをお勧めします。

私たちは、つい考えて行動してしまいます。確実性があるものに対しては大胆な行動が取れますが、少しでも不確実なことがあると躊躇してしまいます。一概に悪いとは言い切れないのですが、それにより大きなものを獲得し損なうこともあります。

この本をお読みいただいて、「投資はそれほど怖くない」、「長期の資産形成という目的で投資に励むことは、知識がなくても十分できる」ことを納得してもらえたならば、あとはもう、あれこれ考えるよりも一歩踏み出すだけです。少額でいいから、まずは始めましょう！　行動を起こさなければ、なにも得ることはできませんから。

第12章

資産形成で後悔しないための鉄則

実際に資産形成を始めて最も注意すべきこと、それは価格の動きにとらわれて、積立を止めたくなるとか、すでに保有している投資信託を売却したくなる気持ちに駆られることです。

情報の伝達手段が発達するなかで、私たちは否応なく、価格の動きの情報やニュースが目に入ります。そのときに、過度に敏感に反応しないことです。そのために、著名な投資家の言葉も引用しながら、長期の資産形成は価格の動きにどのように向き合えばよいのかお話しします。

●日常の出来事に惑わされないことが最大の秘訣

私たちは日々、テレビや新聞で様々な出来事を目にすることから、つい目先の様々な出来事に気を揉んでしまいます。北朝鮮が核実験やミサイルを発射したとの報道が流れれば世の中に不安感が募り、地理的にも近い日本では憶測が飛び交い、経済への影響を懸念して株価は下落します。テレビのニュースでは、こういった報道が緊迫した様子で伝えられ、最後に必ずといってよいほど、その日の日経平均株価の動きが伝えられます。このようにして、私たちは日々の出来事に敏感すぎるほどに反応させられながら生活をしています。

みなさんは、日が経ってから、過去の新聞を振り返って読んだことはありますか？　このように聞くと、ほとんどの人は「そんなことして何になるの？」と言います。たしかに、新聞は日々の出来事について解説を交えて伝えてくれるものですから、あとで読んでも意味ないですよね。実は、私は過去１ヵ月のいくつかの新聞を定期的に読み返すようにしています。それは、出来事を振り返るためです。そうしてみると、毎日報道されるニュースの多くは、終わってみればささいなことが多くを占めていることもわかります。

たとえば、米国の大統領選挙の時などは、連日のように新聞紙面をトランプ候補の記事が飾りました。経済のプロだけれども、トランプ候補が大統領になると米国経済はとんでもないことになるなど、憶測を交えた記事が新聞紙上を毎日のように飾っていました。でも、実際に大統領になったらどうでしょう？　多少の問題はありますが米国経済はおおむね堅調です。それは、米国経済が大統領の権限だけで動いているわけではないからです。

経済に関するニュースでも同じです。米国の金融政策は世界中の金融市場に影響を与えます。そのため、約6週間ごとに開かれる米国の政策金利を決める連邦準備委員会の会合は、世界中の金融関係者が毎回注目しています。会合が開かれる前から、今回は利上げがありそうかどうかを推察した報道がなされます。それによって、世界の株式や債券は短期的に上がったり下がったりします。でも、振り返ってみれば、2017年から2018年では、連邦準備委員会で政策金利を決定する理事たちが常日頃から言っているように、年3回程度の利上げペースを継続するという決定をするだけです。過ぎてみれば、以前から言われていた同じ決定が繰り返されるだけで、金融市場は落ち着きを取り戻します。

景気がよくなり経済が過熱すれば、金融政策をつかさどる中央銀行は金利を引き上げて落ち着かせようとします。逆に、経済が停滞すれば金利を引き下げるなどにより刺激を与えようとします。このようにして経済は長期的に運営され、成長していくのです。そのときに、「しばらくは金利が引き上げられるから、投資の環境が悪くなりそうなので持っている投資信託を売っておこう」などとうまく立ち回ろうとする人はそうすればいいのですが、それでうまくいっている人はあまりいません。それよりは、「経済は良いときもあれば悪いときもあるけれど、長期的には成長するのだから右往左往しない」というスタンスのほうが意外とうまくいきます。

似たような例ですが、私の親戚は、アベノミクス前に米ドル円の為替レートが円高で80円台だったときに、「テレビで経済の専門家が、これから為替レートはさらに円高が進んで１ドル50円の時代が来ると言っている。そうなれば、日本経済はもっと悲惨になって、多くの輸出企業は倒産するらしいね」と、会うたびに話していました。この経済専門家は、いまもテレビなどで堂々とコメンテーターを務めています。これも不思議な話ですよね。コメンテーターや解説者は、そのときに視聴者が関心のあることに話を合わせる傾向が強いので、あまり信じないことです。私はその親戚に、「１ドル80円は輸出企業の採算割れの為替レートなので、それ以上の円高は長続きしませんよ。いま１ドル50円の急激な円高になったら、輸出はまったくできなくなるから、少々の円高になっても、また円安に戻ると思いますよ」と話をしましたが、受け付けてもらえませんでした。

その後、日本銀行のゼロ金利政策によって１ドル100円を超える円安になったわけですが、その時々の経済状況に合わせて、誇張されて報道されるニュースや新聞が私たちに与える影響は大きいのです。同様に、アベノミクス前のデフレ期から今まで一貫して10年以上も、「投資なんてもってのほか！　お金を危険にさらさずに預金にしておきなさい」と言い続けている女性の人気コメンテーターもいます。恐怖を煽るのは勝手ですが、株価が3倍にもなったのに無責任な発言に振り回された人が不幸です。

これほどまでに、日々の情報に大きく振り回されて生活しているのが私たちなのです。長らく運用の世界に身をおいていた私なのでわかるのですが、実際にお金を運用しているプロでさえも、こういったことに影響されています。「バリュー投資の父」と言われるベンジャミン・グレアムは、これを「ミスター・マーケットに気をつけろ！」という表現を用いて教えてくれています。ミスター・マーケットとは、金融市場（マーケット）を擬人化した呼び名です。金融市場は、その動きをいつも私たちに囁いてきて気持ちを惑わすものだから、振り回されないようにと言っているのです。

資産形成は、目先の短期間の動きを見ながら行うものではありません。長期で行うものです。20代であれば30年から40年後を意識すればいいのです。人生100年時代と言われるなか、現在50代の私ですら、20年以上先のことを想定してこれからも資産形成を行うつもりです。

私たちは、数十年後の将来を考えて投資を見据えるべきです。それが、日々の動きに振り回されない秘訣でもあり、私が20代前半から30年近くの長年にわたり投資に携わってきた経験から言える、みなさんに是非ともお伝えしておきたいことです。

●価格の動きに振り回されないために

非課税の資産形成手段として2018年からつみたてNISAが始まり、その名のとおり積立投資に対する注目が高まっています。確定拠出年金も積み立てによる資産形成です。積立投資の特徴は、なんと言ってもタイミングをはかった投資を行わないことに尽きます。一定金額を毎月など定期的に投資に振り向けるのが積立投資なので、市場が下落した方が安い価格で購入できます。将来の値上がりを想定するならば、むしろ下がってくれた方が良いくらいです。

積立投資のメリットは第４章でも触れましたが、価格下落のときでも心理的な抵抗感がなく安い価格で淡々と投資を続けられること、また、一定のお金による定額の積立であれば、ドルコスト平均法により、価格が低いときほど多くの投資ができることです。

ただ、積立投資の効果を知っていたとしても、実際に資産形成を始めると、思ったようにいかないときもあります。その端的なケースが、あるときから投資対象の価格が大きく下落し、その後も下げ止まりそうにない状況が長い期間にわたって続くケースです。私たちにとってみれば、バブル崩壊後に長らく続いたデフレ期の日本株式が最もわかりやすい例でしょう。そういったときはどんな人でも不安になるものです。「もっと下がりそうだから、積み立てもやめた方がいいかな……」、「将来、ホントに上がるのかな？」、こういった気持ちに苛まれるものです。すでに投資しているものが評価損となっているのですから、金額の大小にかかわらず心配になりますよね。本来であれば、まさに積立投資を活かせるチャンスなのに、むしろ不安は高まってくるものです。

大きく下がっている、しかも、長期間にわたって低迷し続けている。そういう状態にあるときは、金融市場の参加者全体がそういう心理に陥っています。だから上がらないのです。逆のことを考えてみましょう。もし、いまは大きく下落していても、将来は上昇する見込みがあれば必ず買われるはずです。安い価格で放置されることはありません。つまり、安い価格で長期間放置されていることは、誰もが、当分の間、価格が上昇しないと思っているからです。

価格が下がっているとき、特に長期間にわたって低迷しているときは、誰もが納得するような「価格が上がらない理由」が語られます。不景気であるとか円高などが主な理由です。

東日本大震災からアベノミクスの前夜はまさに典型的な様相でした。あのまま民主党政権でデフレが続いていれば円高圧力も続き、もっと長い間、株価は上がらなかった可能性もあります。その後、アベノミクスによって日本の株式市場はほどよい水準に上昇しました。つまり、条件さえ整えば株価が上昇する機運はあったのですが、きっかけがなかったのです。

誰もが「上がらない」と思っているときに、「いまこそ積立投資のチャンスです」「積立投資はこういうときのためにあるのです」といっても、説得力に欠けますよね。理屈ではわかっても同調してくれる人は少なそうです。結局、長期投資の効果を正しく理解しなければ、下がったときこそ積立投資を続けるべきだとは思いません。資産形成の説明資料やパンフレットでよく使われているように、価格の変動はあるけれど数十年単位でみれば上昇していることが一目見てわかるグラフがすべてを物語っています。過去の長期間において、いつでも、下落局面が投資の最大のチャンスであったことを理解することです。

もう1つ大切なことは、そういうときに長期投資の効果を揺るぎないものとするためには、長期で成長が見込める資産を投資対象にしておくことです。たとえば、金（ゴールド）はどうでしょう？　金自体に特有の価値はありますが、世界共通で換金できるメリットは仮想通貨の出現によって取って代わられるかもしれません。時間の経過とともに金価格が上昇していく保証はありません。それは、金は経済活動が続くことに伴って効果を得るとは限らないからです。こういった特定の対象は投資のメインに据えないことです。

長期で成長が見込める資産は、経済活動に伴い、時間の経過とともに恩恵を受けることができる株式とか債券になります。不動産を証券化したリートもそうです。こういった資産を中心に投資をするのであれば、一時的には価格の下落があったとしても、長期でみれば収益を得られる可能性が高いので、積立投資の効果が得られやすいです。特に株式はその傾向が強いです。

●下落局面は避けられないが、すべて乗り越えてきた

金融市場には価格の変動は付き物です。しかし、それは決して怖いものではなく、日常でいうリスクとは別の代物であることはすでにお話しした通りです。でも、多くの人は、なぜそのように大きく上がったり下がったりするのか不思議でしょう。そして、そういう不確かなものに大切なお金を預けることには不安を感じるものです。

ここでは、どうして金融市場は変動するのか、そして、大きな変動を何度も繰り返しながら、それを乗り越えてきたことを知っておきましょう。結論を言えば、時間を味方につければ、市場の変動は乗り越えられます。

まず、「金融市場はなぜ動くのか」、もっと平たく言えば、「ニュースで目にする日経平均株価はどうして毎日動いているのか」、このように聞かれたら、あなたはどう答えますか？　一般的な答えとしては、経済の変動があるから、それを反映している金融市場の価格も動くと答えることが多いのではないでしょうか。株式は経済活動を反映しているので、景気が良くなれば株価は上昇し、悪くなれば下がります。これはその通りですが、それだけでは大きく動くことは十分に説明できません。

株価は将来の可能性を反映した価格で取引されています。現在の業績だけでなく、先々にもっと利益が伸びそうであれば、その可能性を先取りした価格で取引されるのです。アマゾンの株価が

現在の利益の数十年分以上の価格で取引されているのも、そういった理由によります。これからもっと収益が拡大し、それが続くと見込んでいるからこそ、高い株価で取引されているのです。そのため、将来の見通しに少しでも変化が生じると、価格は敏感に反応します。経済の先々の動きを当てっこしているのですから、株価は実体経済の動きよりも大きく増幅して動きます。

つまり、なぜ金融市場は大きく動くのかといえば、株価や金利に影響を与える経済指標やニュースを受け、その先々の影響や方向性まで想定して、増幅された形で現在の価格に反映されるからです。

そのため、経済や金融市場で当たり前とされていた前提が崩れると、株価は大きく動くことがあります。リーマンショックがその典型です。金融システムへの信頼性が揺らいだことにより、いままでの価格の前提が揺らぎ、不安が高まってみんなが一斉に金融市場からお金を引こうとしたので急落しました。過去においては、リーマンショック以外でもオイルショック、ブラックマンデー、ITバブルなど、幾度も金融市場を揺るがす大きなショックがありました。これよりも小さいものはかなり頻繁に起こっています。最近では、イギリスのEU離脱（ブレグジット）という予想外の国民投票結果を受けて、金融市場は急落しましたよね。

ここで大切な点を整理しておきましょう。金融市場は先々の期待を織り込んで価格がつくので動きやすいこと、そのため、行きすぎることもあるという点です。ただ、それだけだと、そんなも

【図表12－1】株式はすべての危機を乗り越えて成長してきた

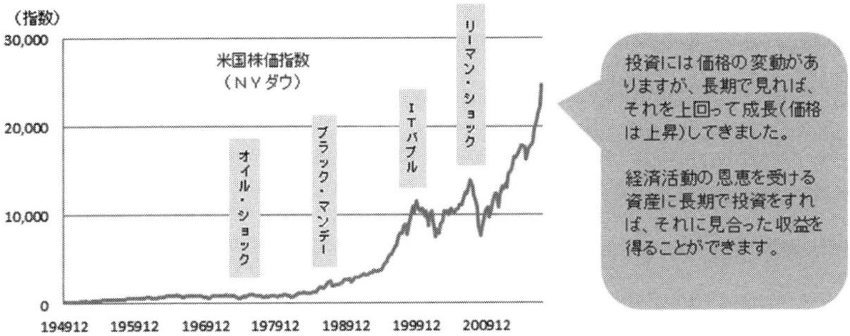

出所：ブルームバーグより作成

のに大切なお金を預けたくないという気持ちが増してくるだけです。そこで大切なのが、長い目で見れば、そういった価格の変動を乗り越えて成長を続けているという事実なのです。米国の代表的な株式指数であるNYダウは、オイルショックの20倍以上、ブラックマンデーの10倍以上、ITバブルやリーマンショックの2倍以上になりました（図表12－1）。これが資産形成のために長期投資をすることのミソです。究極的には、資産形成を始めること、根気よく続けられることは、この点を納得できるかどうかで決まります。

「価格が下がるから怖い」と食わず嫌いで恐れていると、下がることがあっても、長い目ではそれ以上に価格が上昇しているという事実から目を背けることに他なりません。価格の大幅下落などがあっても、それをすべて乗り越えてきた。しかも、それ以上に大幅に上昇してきたのが金融市場であり株価です。

価格が低迷することもあります。それでも経済活動が進む限り、いつかは価格が戻り成長する可能性を持っているのが、私たちがお金を投資している金融市場の株式なのです。

●著名投資家の格言を知っておく

市場の価格が下がったときは誰しも疑心暗鬼になるものです。そういうときのことも考えて、著名な資産家、投資家の言動を知っておいて損はありません。人生や仕事で悩んだときには、有名な人の生き方や名言に触れることで、心が揺さぶられるものです。勇気も湧いてきます。同じように、お金の世界においても、悩んだときは、経験が多く有名な人の資産形成に関する考え方が参考になります。生き方とお金は次元の違う別物という印象もありますが、困ったときにどのような心持ちで対処していくべきなのかという点では、その道を極めた人の見解は通じるものです。特に、お金の世界では、先々が読みにくいもの、自分の努力や頑張りだけではどうしようもないこともあるので、心理状態が不安定になりやすいです。そういったとき、経験のある人の名言は一言で伝わります。

ただし、こういう際に間違っても用いてはいけないのは、実際の投資家ではなく、金融市場の解説者やストラテジスト、エコノミストといった立場で仕事をしている人たちの言葉です。こういう人たちは、そもそも、その時の時流にあわせた発言をするので一貫性がなく、かつ、多くの場合に予想や見込みが当たることもありません。自分のお金で投資することを生業にしているわけでもないので、説得力もありません。スポーツ選手でも料理人でも、道を極めた人の発言は重みがありますよね。お金でも全く同じことが言えます。そして、お金を極めた人は少ないのです。だからこそ、余計に価値があります。

また、「私はこうして２億円貯めました」とか、「１カ月で5,000万円稼ぐ投資手法」のようなたぐいも、あくまで個人的な見解ですが、利用しづらいものが多いです。私は現職の前に、20年以上も運用の世界に身を置いてきました。その時の経験からすると、投資環境が良いときには何をやっても収益を生むのです。リーマンショック後はずっと上昇相場が続きました。特にアベノミクス当初のような時期には何に投資をしても値上がりします。その際のポイントは相場を熟知していることではなく、大胆さです。思いきって積極的に投資をした人が大きな収益を得られるのです。こういった環境で収益をあげられた人も、環境が変わるとほぼ確実にうまくいかなくなります。私はそういう結果を何度も見てきました。

著名投資家はそうではありません。良いときも厳しいときも市場に参加し、長い年月において乗り越えてきたところに価値があるのです。特に厳しいときの対処の仕方、心の持ち方は参考になります。これは一言でいえば胆力です。さきほどの単純な大胆さとは違います。

世界で最も有名な投資家といえばウォーレン・バフェット氏でしょう。彼は、市場が下落したときこそ嬉しくなると言います。安い価格で投資できるからというシンプルな理由です。これはプロでなくても理屈はわかるのですが、実行が難しいものでもあります。常日頃より、この考え方を頭のなかで繰り返し念じておくことです。ここで、資産形成をする人が知っておきたい、比較的わかりやすいバフェット氏の格言をみておきましょう。

「みんなが貪欲なときには恐怖心を抱き、みんなが恐怖心を抱くときに貪欲であれ。Be fearful when others are greedy and greedy when others are fearful.」

これは、バブル期の日本のように、株価が上昇しているときなど多くの人が利益を得ることに貪欲になっているときには警戒し、逆にリーマンショックのように、多くの人が「もう株式なんてこりごりだ」と思っているときにこそ、投資の機会であることを述べています。実際にバフェット氏はリーマンショック前に株式から少しずつ手を引き、４兆ドルのお金を手元に用意し、リーマンショック時には積極的に投資を行ったと言われています。

「株価が50％下落してもパニックにならないこと、そういうときこそありがたく買うこと」とも言っています。多くの人は、スーパーで安く特売をしていると殺到するのに、株価が安くなると逆に逃げるのはおかしいと教えています。

「今日や明日や来月、株価が上がろうが下がろうが私にはどうでもいいのです。I have nothing to do with stock prices going up or down today, tomorrow or next month.」

これは、個別企業の株価について語ったものですが、投資全般にも通じるものでしょう。彼は、「先々の価格変動を当てにしているのなら、それは（投資ではなく）投機だ」とも言っています。投資は株価の動きで一喜一憂するのではなく、価値あるものに投資をすれば、時間の経過とともに、その価値を享受できると教えています。バフェット氏は、普段はほとんど株価を見ないそうです。本書でいままでお話ししてきたこと、そのものです。なお、上記の言葉には「バンク・オブ・アメリカが５年後、10年後にどうなるかが大切なのです。」と続きます（『ウォーレン・バフェット 成功の名語録』、桑原晃弥著、2012、PHPビジネス新書より）。

他にもご紹介したい名言は数多くありますが、最後にもう１つ。

「我々が歴史から学ぶべきなのは、人々が歴史から学ばないという事実だ。What we learn from history is that people don't learn from history.」

少しまわりくどい表現ですが、多くの人は、もっと歴史を学ぶべきだと言っています。なにを学ぶべきか、価値あるものに投資をすれば収益を得られること、市場が何かのきっかけで下落したときこそ投資のチャンスであるということでしょう。彼は非常にシンプルなことを主張し、実践しています。もちろん、バフェット氏は長期にわたって高い成長を持続する企業を見いだして投資することが有名で、それは私たちにはできません。でも、彼は、よくわからないなら、市場全体と同じような動きをするもの、たとえば米国であればS&P500指数などに連動する投資信託を買っておけばよいとも言っています。挙げればきりがないので、バフェット氏の格言はこのあたりにしておきましょう。大切なのは、金融市場の動き、それに伴うニュースや解説に惑わされないこと。また、安いとき、下落しているときは、他の人と同じように売ろうとするのではなく、そういうときこそお買い得であることを信じ抜くことです。

日本でも、個人向けの投資信託「さわかみファンド」を数十年にわたり運用してきた先駆者の澤上龍氏も、下がったときはワクワクすると言います。これもバフェット氏と同じ理由です。投資は、良いタイミングで売り買いすることではありません。そういった投資行動が向いている人もたまにいますが、そういうことを繰り返していると、多くの人はうまくいきません。それよりも、長期で資産形成するほうがよほど楽で簡単なのです。

日本では、高度成長期における政府の貯蓄推奨の影響もあり、お金のほとんどを預貯金にしています。その一方で、FXのようなギャンブル性、投機性の高い取引には積極的で、FXの取引高は5,000兆円を超えるといいます。資産形成のための投資はせずに預貯金で保守的に運用しておきながら、ギャンブル性の高い取引は行う。こういった投機の世界で小金を積み上げようとするのではなく、長期で悠々と資産形成に励みたいものです。

●極意は、時間（期間）と価格変動を意識しないこと

投資は時間（期間）を意識しすぎると不安になります。逆に、時間を気にしなければ、資産形成を優位に進めることができます。私の経験上、これは大切なことの１つです。

たとえば、あと５年しか投資ができないとします。そのとき、きな臭いニュースが耳に入ってくるとか、市場にとってマイナスの経済状況になりそうな気がすると、ほぼ必ずといってよいほど、保有している株式や投資信託を売却したくなります。「もしここで大きく下落すると、残りの短い期間では取り戻せない可能性が高くなるので、その前にここで売却しておこう」という気持ちに駆られるからです。こういった人間の不合理な行動をテーマにした理論がノーベル経済学賞を受賞しましたが、人は合理的な判断で動くとは限りません。特に、不安や損失に対しては過度に敏感に反応する傾向があることが証明されています。

2017年の私もそうでした。確定拠出年金で投資信託による株式への積立投資をしていた私は、北朝鮮の軍事挑発に対する米国の

圧力という政治状況への危機感と、米国が利上げを一段と進めることによる投資環境の悪化の可能性が気になり、それまで株式中心に資産形成に励んでいたお金を、いったん、預金へと振り替えたのです。

そのときに、自分をそういった行動に向かわせたもの、それは、確定拠出年金を60歳までと考えた場合、あと８年程度しか運用できないという時間への意識でした。リーマンショック以降、せっかくここまで上昇してきたのだから、何かの理由で市場が下がったときに後悔しないように、このあたりで収益を確定させておこうと考えたのです。

この考えが間違っているわけではありませんが、もし私が40歳であればそこまでは考えなかったでしょう。下がったとしても、あと数十年もあればまた上昇する可能性もあるのだから、そこまで売却を意識しなかったはずです。残りの運用期間を意識すると守りの気持ちが強くなります。そういうときに値上がりしている資産があると、とりあえず利益を確定してしまう行動に出やすいものです。

このように、資産形成で時間軸（残りの時間）を意識しすぎると、投資行動を歪めることがあるので注意しましょう。人生100年時代という言葉がもてはやされるようになりましたが、資産形成も一生続けていく時代になりました。残りの時間を過度に意識せずに資産形成に取り組むことが大切です。

時間を味方につけることとともに大切なのが、価格の変動を意識しすぎないことです。 投資を行っている人はわかると思いますが、価格の動きはすごく気になるものです。初めて投資をして、目の前で「あなたのいまの損益は＋16万円です」といった表示が出るとドキドキします。逆に、評価損が表示されるとがっかりします。あまりに評価損が大きいとか、評価損の時期が長く続くと、見たくもなくなります。

このように、自分の投資は気になるもので、また、その結果に一喜一憂してしまいます。それは、ストレスの原因にもなり、頻繁に運用状況を見ることは気持ちを惑わします。何度もお話ししているように、私たちは長期の資産形成を目指しています。それは10年単位の長さです。下がっているときこそ、将来に向けた投資をするチャンスであることもお話ししました。そうであれば、自分で頻繁に価格のチェックをすることは控えてもよいでしょう。

いまでは、ネットやスマホを使えば、簡単に自分の運用状況が確認できます。なにもしなくても、嫌でも情報が目に入ってくる時代です。日々の価格の動きなどの情報をありがたく思っている人が多いからこそ、配信する側もそういった情報を提供します。後段でお話ししますが、私は職業柄、投資の経験が長かったので、日々のニュースからも自分の投資状況がどのようになっているのか、嫌でも感覚的にわかります。でも、それで投資を中断したり売却したりすることは、あとで振り返ればほとんどが失敗でした。長期の投資による資産形成を目指す人にとっては、そういう情報は雑音でしかないのです。短期的な取引をしている人のために提供されている情報に惑わされてはいけません。むしろ、そういった情報を上手に避けることも資産形成においては大切なことです。

適切な例とは言えないかもしれませんが、みなさんが当たり前のように使っているスマホは、なくてはならない便利なものです。電車でも、エレベーターのなかでも、常にスマホを眺めている人が大勢います。その人たちは便利さを追い求めているのでしょうが、スマホに費やしている時間は、アプリやサービスを提供している運営会社の収益になっています。だから、それらの企業は魅力あるコンテンツを提供し続けるのです。テレビでもその構図は同じです。情報は氾濫し、嫌でも私たちに迫ってきます。そういう情報に対して自分をコントロールするように意識することです。

価格を意識しすぎるとろくなことがない。これは、若いときの私に見事に当てはまります。若いみなさんにとって、いまでは想像できないかもしれませんが、米国の国債のみならず、フランス国債やドイツ国債も７％近い利回りを示している時がありました。

当時の私の上司が、こういった高い利回りの債券に投資することの効果を教えてくれました。「70の法則」に照らせば、「７％」の米国債を「複利で10年間」保有しておけば、満期にはお金が倍になって返ってきます。実際にその人はかなりの大金を米国債に投資していました。長期投資が十分に理解できていなかった私もその言動に感化され、お金をひねり出して欧州の20年物国債への投資を行ってみたのです。子供たちが成人するときのために、単価20円で購入した債券が20年後には５倍の100円で満期を迎える割引債を購入しました。200万円強が1,000万円近くになって満期を迎える計算です。

でも、私は20年間も保有することなく、数年後に換金売りをしてしまったのです。投資したときの為替レートは１ユーロ120円だったものが、ユーロ圏の経済状況の改善により１ユーロ160円近くまで上昇し、その後、再びユーロが売られやすくなったときに、目先の為替レートの動きを気にしすぎて売却してしまいました。３割程度の利益を確保することと引き替えに、５倍になる長期投資による複利効果のメリットをみすみす手放してしまったのです。

長期の資産形成で大切なのは、残された時間（期間）を過度に意識しないこと、そして、価格の動きをあれこれ予想しないことです。こういったことを続けると、ほとんどと言ってよいほど、売ることを考えはじめてしまいます。時間や価格の動きを過度に意識しないことは、一見、誰にでもできそうです。しかし、意外に胆力が必要です。そして、これこそが長期の資産形成における極意でもあるのです。

第13章

人生100年時代の資産形成はシンプルに

本書ではここまで一貫して、投資の初心者は長期の資産形成を目指せばよく、お金を振り向ける対象も、世界の株式に幅広く投資するインデックス型の投資信託を選べばそれでいいと、何度もお話ししてきました。色々なことを言われて悩むのであれば、わかりやすくて、間違いのないタイプの投資信託を選べばその方がいい。悩んで難しいと感じて資産形成を躊躇するよりも、シンプルで実践しやすいものが一番との考えによるものです。この考えに変わりはありません。ただ、株式に加えて債券やリートなど、複数の資産を組み合わせるポートフォリオについて知りたい人もいるでしょう。また、ロボアドバイザーといって、簡単な質問に答えれば自分に最適な資産配分や投資信託を選んでくれるツールが提供され始めており、それがどのように有益なのか興味がある人もいるでしょう。

そういった人のために、この章では、「複数の資産を組み合わせるとどういう効果が期待できるのか？」、また、「最近話題の資産形成シミュレーション・ツールであるロボアドバイザーの機能」について説明します。そのうえで、長期の資産形成においては、世界の株式に投資するものでも十分に見合うことをお話しします。

●複数の資産を組み合わせて投資する意味

私たちが投資信託を通じて投資できる資産は、株式の他にも債券があります。最近は不動産を証券化したリートもあります。投資する対象をこれらの特定資産に絞るのではなく、株式や債券など複数の資産を組み合わせて１つのパッケージにした投資信託もあります。一般的にこのタイプの投資信託をバランス型ファンドと呼びます。複数の資産をバランスよく組み合わせることからついた名称です（図表13－１）。

投資信託は、何でも盛ることができる料理の器のようなものです。株式だけ組み入れることもできれば、株式と債券を組み入れることもできます。ある金融機関では、これを身近にイメージするものとして、さきほどの円形の図を、色々な味のトッピングによるピザに例えていました。このように考えると、投資信託もそ

【図表13－1】複数の資産を組み合わせるバランス型ファンドのイメージ

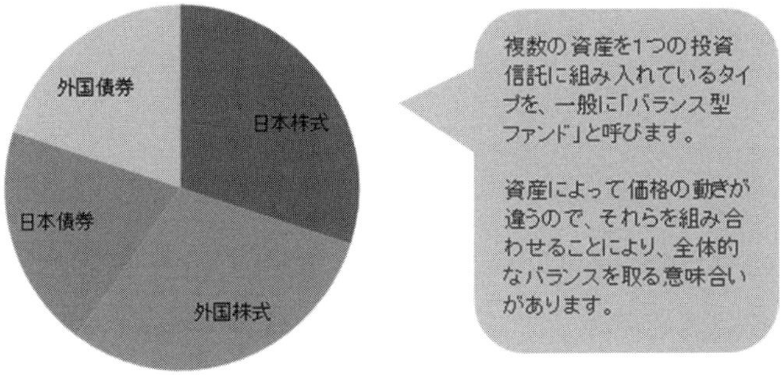

外国債券
日本株式
日本債券
外国株式
複数の資産を1つの投資信託に組み入れているタイプを、一般に「バランス型ファンド」と呼びます。
資産によって価格の動きが違うので、それらを組み合わせることにより、全体的なバランスを取る意味合いがあります。

れほど難しいものではありませんよね。

では、複数の資産に投資をすると、どういう効果が得られるのでしょう？　その主な効果は、価格の極端な動きを和らげてくれることです。世界の株式に幅広く投資する投資信託の説明でも話しましたが、投資信託を通じて世界の1,000以上の企業の株式に投資をしておくと、たとえばソニーの業績が悪化して株価が下落しても、ソニー１社の影響は全体のなかでみるとほんの僅かなものに止まりますよね。これに近いイメージで、株式だけでなく債券も組み入れておくと、どちらかの価格が下落するときも、全体への影響を和らげることが期待できます。複数の資産を組み入れることを専門用語でポートフォリオと呼び、それによって価格変動の影響を和らげることをポートフォリオ効果と言います。料理で言えば、食べ合わせがよくなるとか、栄養のバランスがよくなるといったイメージです。

特に、株式と債券は異なる価格の動きをすることがあるので、両方を組み合わせるとその効果が高まると言われています。たとえば、景気が良くなると企業の業績向上への期待が高まり株価は上昇しやすくなりますが、景気が過熱すると金利が上昇して債券の価格は下がりやすくなります。景気が悪いときはその逆の傾向が強まります。ただし、株式と債券の価格がいつも逆の動きをするわけではなく、同じ方向に動くこともあります。

私たちが資産形成において投資対象とする株式や債券、リートなどは、いずれも経済活動から収益を得る資産ですが、各資産によって価格が変動する要因は異なる面があります。また、価格が動く大きさも違います。株式は大きいのに対して債券は小さいです。そういった資産を複数組み入れることで、特定の資産の価格変動の影響を和らげ、全体の動きを緩やかにできます（図表13－2）。

複数の資産を組み入れることは、価格の変動も小さくなりますが、それによって得られる収益も小さくなります。たとえば、株式と比べて債券の価格は落ち着いた動きをするのですが、それと同時に、期待できる収益も小さくなるため、全体でみた収益の期待も抑えられます。これを専門的に説明すれば、価格変動（リスク）の大きさと期待できる収益（リターン）の大きさは表裏一体なので、受け入れるリスクが小さくなれば期待できるリターンも小さくなるためです。

では、どうしてこのようなバランス型と呼ばれる投資信託が提

【図表13－2】複数の資産を組み入れる効果のイメージ

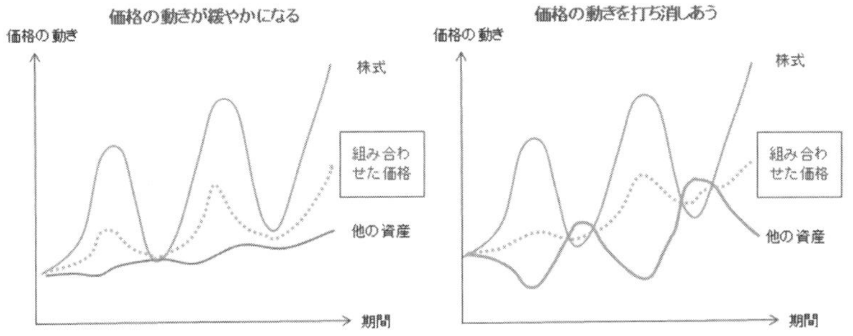

供されているのでしょう？　それは、価格の変動を抑えた安定志向の投資を行いたい人のためです。そういう人にとっては、色々な資産を組み合わせることで価格の変動を抑えた投資信託は安心感があり、価格の動きを過度に気にせずに投資できます。

たとえば、比較的高齢の人が投資をする場合には、資産形成のために長期で投資信託を保有するという目的だけでなく、投資をしながらも必要に応じて現金化して使いたいという意識も働くことでしょう。現金化するときに価格が大きく下がっていると辛い思いをしてしまいます。そういった人は、高い収益性を望まない代わりに価格が安定した投資信託を保有したいニーズがあります。こういった特定のニーズは世の中に一定程度は存在します。資産形成において、価格の安定性を重視する人のためにある投資信託が、バランス型と捉えておけばよいでしょう。

複数の資産を組み合わせることによって価格の安定性は高まり

ます。一方で、安定性と引き換えに期待できる収益も低下することになります。

●ロボアドバイザーってなんだろう？

みなさんはロボアドバイザーという言葉を耳にするとか、実際にそのシミュレーション・ツールを触ってみたことはありますか？　2015年ころから提供され始めて話題になりましたが、初めて聞く人も大勢いると思いますので、最初にロボアドバイザーについて説明しておきましょう。

ロボアドバイザーとは、AIを利用して資産管理や資産運用のアドバイスを行うシステムまたはサービスを指します。私たちがいくつかの質問に答えることで、資産の配分を自動的に判定してくれるものです。

ロボアドバイザーのシミュレーション・ツールは、金融機関のホームページで提供されています。ただ、ホームページ上の投資信託のサイト上では、色々と選択肢があるなかの1つでしかないので、多くの人にとってはその存在を気づかないかもしれませんね。私が加入している確定拠出年金の運営機関のログインページでも、「あなたに最適な資産配分を試算してみましょう」といったフレーズで、ロボアドバイザーによるシミュレーション・ツールが用意されています。

ロボアドバイザーと呼ばれるシミュレーション・ツールは、資産形成を身近なものにしてくれる、有効な機能を有しています。それは、たった数個の質問に答えるだけで、その人に合っていると思われる最適な資産配分を見定めてくれて、場合によっては、それに適した投資信託を選んでくれるからです。一言で言えば、まったく何も考えなくても手軽に資産形成ができます。

その一方で、ロボアドバイザーによるシミュレーションは、仕組みが理解できない相談者にとっては、しっくりこないものでもあります。「たった数個の質問に答えれば、あなたにとって最適な資産形成のポートフォリオを提示してあげます」と言われても、言われたほうからすれば、「質問の意図は何か？」、そして「シミュレーション結果として提示される資産の組み合わせが何を意味しているのか？」などについて納得いかなければ、大切なお金を任せるのに、安易にツールを信用することはできませんよね。いかに良くできたものであっても、利用する側の理解がなければ根付きません。そこに、いまの提供の仕方の課題があります。

まず、4つとか5つの質問に答えれば、最適な資産や投資信託の組み合わせが提示されるという、その質問の狙いについてお話ししましょう。

＜ロボアドバイザーにおける主な質問例＞

- **あなたは何歳ですか？**
- **投資の経験はありますか？**
- **いま蓄えているお金は、老後の備えに十分と思いますか？**

・価格の動きが大きくても高い収益を目指しますか？

実際には、このような淡白な質問形式ではなく、図表を示してその中から選ぶなどの工夫がなされています。これらの質問によって確認しようとすること、それは、私たちがどれくらいの年齢で、どれくらい投資に理解があって、どれくらいの価格変動（リスク）を受け入れることができるのかという点です。たとえば、20～30代であれば、他の条件が変わらなければ、将来に向けて多くの時間があるので少々の価格変動があっても、長期で投資しておけば高い収益を得られる株式を中心に投資したほうがいいことになります。これは、本書でお話ししていることと同じで、資産形成の基本型です。ただ、50代であれば、人によっては、もう少し価格変動を抑えた安定的な運用を行いたい人もいるかもしれませんよね。そういったことに配慮するために、年齢を確認し、その年齢に応じた価格変動の資産を考えます。

また、どれくらい投資に理解があるのかについても、その質問によって知りたいことは、価格変動を受け入れられる程度を推し量るためのものです。一般的に、投資についての理解が少なければ大きな価格の変動を受け入れることは難しいので、価格の動きの小さい安定的な運用を行うべきと考えます。それに対して、投資に関しての知識や経験があれば、年齢に応じた価格変動のリスクを受け入れてもいいとの考えに基づいています。

例を用いて説明しましょう。たとえば、相談者が20代とします。

【図表13－3】ロボアドバイザーの質問への回答と資産配分の流れ

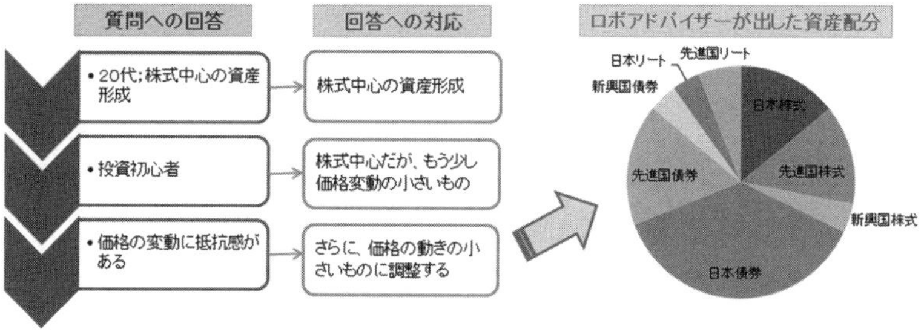

すると、年齢からみれば、株式に幅広く投資する投資信託を保有すればいいとなります。でも、どれくらい投資に理解があるのかについての質問で初心者であることが判明すると、株式による価格の変動は受け入れにくいかもしれないと判断し、もう少し価格の動きの小さい債券を一部に組み入れることを考えます。どれくらいの価格変動を受け入れることができるのかについての質問で、価格の変動を好まない回答をすると、さらに一段と価格の動きの小さい資産に投資するものが提示されます。

このように、それぞれの質問に対しての回答が「20代」で、「投資初心者」で、「価格の変動に抵抗感がある」となると、図表13－3のような結果になります。

本来はリスクを受け入れてもよい20代の資産形成なのに、回答次第では株式の割合が小さくなり、逆に言えば、価格変動のリスクを受け入れてでも収益獲得を目指す回答をすれば、本書でお勧めしている株式中心のポートフォリオになります。

このように、質問は、その人がどれくらいの価格変動を受け入れられるのか確認するために用意されています。実際には、ロボアドバイザーのシミュレーション・ツールにはここまでの説明はなされていません。なにも考えなくても最適な資産配分が試算できることがロボアドバイザーの売りだからです。

ただ、いきなり質問に答えて、なんだかわからない資産の組み合わせが提示されて、それに従って大切なお金を預けることには抵抗感もありますよね。一時は大きな話題になったロボアドバイザーですが、資産形成で投資を行おうとする人には十分に活用されず、最近は期待外れに止まっているようです。大切なお金をお預けいただくのに、利用する人に対して納得感を提供しないツールは信用されません。

では、その質問への答えとして提示される、お勧めの資産の組み合わせや投資信託は何を意味しているのでしょう？　さきほどの例では、日本株式や日本債券、外国株式や新興国の資産、さらにリートまでがわずかに入っており、複数の資産がたくさん組み入れられています。こういうグラフをみせられると、よくわからない人にとっては「これってなんなの？」と感じる人も多いことでしょう。なぜ複数の資産を、それも色々な割合で組み入れているのか？　しかも、そのなかには、わずか数％しかないものも取り入れられている。投資の初心者にとっては理解不能ですよね。

ロボアドバイザーのシミュレーションによって提示される資産の組み合わせが意味するもの、それは、その人にとって望ましい収益を目指しながらも、それぞれの資産の価格の動きが打ち消しあうことで、全体として価格変動が小さくなると思われる最適な組み合わせを提示してくれています。

というのも、日本株式や外国債券、新興国など色々な資産は、金利や経済成長などそれぞれの要因によって価格の動きが異なるので、そのなかから最適な組み合わせが理論上で計算できるからです。だから、たくさんの資産を含み、新興国の債券がわずか数％だけ含まれるような組み合わせが出来上がるのです。これは、先の項でお話しした、複数の資産に投資するポートフォリオの効果を最大限に活かすために算出された組み合わせです。

私は、ロボアドバイザーによる、複数の資産の最適な組み合わせを提示してくれるツールを悪いものだとは思っていません。これらのことを理解して利用するのであれば、質問に答えて提示された結果にお金を振り向けることは理に適っているからです。

ただ、質問が資産配分の提示にどのような影響を与えるのか理解していない人にとっては、自分が本来目指すべき資産配分とは違ったものを提示される可能性もあります。そういった点では、投資をアドバイスする人の支援ツールとして活用したほうがより理解が深まることでしょう。

ロボアドバイザーのようなツールを使うのであれば、その機能がなにを意図しているのかを理解して用いることです。

●それでも外国株式に幅広く投資することを選ぶ理由

この章では、複数の資産を組み入れた投資信託に投資する意味とその効果、また、ロボアドバイザーに象徴される、効率よく資産配分を行う手軽なツールについてお話ししました。私はこれらのことを否定してはいません。自分に見合った資産形成を行うことができるのであれば、それが一番良いことです。

ただし、何でも複数の資産を組み合わせれば良いというものではありません。複数の資産を組み合わせることは、価格変動のリスクを抑えることに繋がります。とにかく、価格の影響が異なりそうなものを組み合わせれば、少なくとも理論上の価格変動リスクは抑えられるからです。しかし、それは、その人にとって望ましい資産形成の姿とは限りません。その理由は、リスクを抑えることは、そのままリターンを獲得できる可能性を抑えることになるからです。リスクとリターンは表裏一体であることをお話ししましたよね。ポートフォリオの効果を否定するつもりはありませんが、目的（長期でリターンを獲得すること）を優先すると、何に投資をしたらよいのかは自ずと明確になります。

複数の資産を適切に組み入れることによる資産形成は、その人が価格変動をどれくらい受け入れることができるのかに重点を置いています。価格の変動に抵抗がある人にとっては、明日でも来月でも来年でも、いつでも価格の変動を自分が受け入れることができる範囲に抑えてくれます。

ただ、収益を得られる可能性をみすみす排除してまでも、そこまで価格変動を抑えることにこだわる必要があるのでしょうか？

それによって、自分が望む以上に、投資収益を獲得する機会を損なっているならば、もったいない話です。そして、多くの人は、その事実に気づくこともありません。

長期の資産形成は、そういった価格の変動を受け入れ、時間をかけて乗り越え、その見返りに高い収益性を獲得するものです。これこそが長期投資の真の価値であり強みなのです。長期の資産形成は時間を味方につけられること、つまりそれは、短期間における価格変動の影響をそれほど気にする必要がないこと、そしてそれにより、高い収益性を目指せることです。このことが理解できていれば、実は、「どういった資産形成をしようか」とか、「どの投資信託が良いのだろう」という悩みは嘘のように消え去るはずです（図表13－4）。

いままでの資産形成の主流となる考え方は、現役世代の若いうちこそ、仕事に精を出すだけでなく、お金にも働いてもらい、老後に備えることでした。しかし、年金や社会保障も厳しさを増すなかで、現役世代だけで十分な老後への準備ができるとは限らない時代になってきました。それは、現役世代の後半、また、年金生活においても資産形成が必要な時代への変化を強く感じさせます。

平均寿命が伸びて人生100年時代が唱えられるなか、年金生活に入った途端に安定した資産形成にシフトすることでは、第２の

【図表13－4】先進国株式ファンドとバランス型ファンドの違い

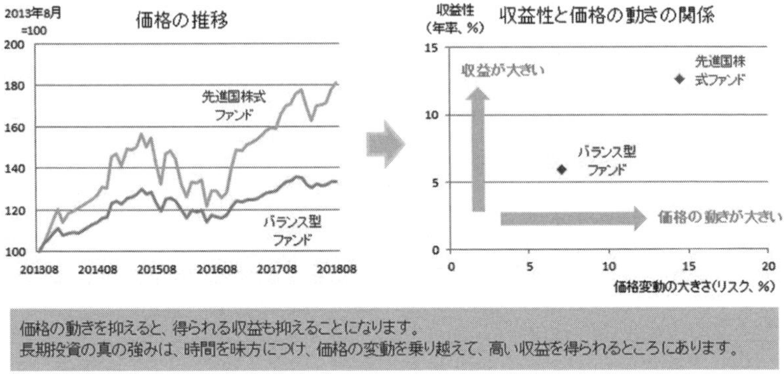

出所：三菱アセット・ブレインズ

長い人生には対応できません。現役世代と年金生活の分かれ目は、労働という意味では大きな節目ですが、それがイコール資産形成の節目ではなくなってきたということです。これからの時代、私たちが働けなくなってもお金には働いてもらい続ける必要があります。資産形成も、より長期にわたって人生とともにある時代になってきたのです。

50歳では20年後の70歳への備え、60歳でも20年後の80歳への備えが怠れない時代になってきました。長期の資産形成ができるのであれば、安定した資産への投資に意識的に切り替えるのではなく、比較的高齢になっても、株式を中心とした高い収益性が見込まれる投資を中心に据えても十分にフィットするのです。シニア層と呼ばれる高齢者層でもそうなのですから、少なくとも現役世代であれば、余裕資金は株式での長期投資を中心に据えて間違いないはずです。

これが、私が株式に投資する投資信託を考えておけば十分とする理由です。長期の資産形成では、高い収益性が見込まれるものにコツコツと投資をしておくことが、長い目でみれば一番簡単で一番魅力的なものです。私が数十年に渡り運用の世界に身を置き、また、投資信託の分析や投資教育などに携わってきたうえで言える結論です。

おわりに

本書は、私のいままでの拙い経験と反省も含め、投資について二の足を踏んでいる多くの人にお伝えしたかったことを、資産形成の話を通して、余すことなく書いたつもりです。

資産形成や投資について述べるケースとして、老後の不安を取り上げて備えの必要性を強調する場合があります。また、iDeCoやつみたてNISAを取り上げて、「利用しなくては損！」といったメリットを強張している雑誌や本も目につきます。

私が本書を通じて感じていただきたかったことは、「資産形成を始めなくてはならない」、「利用しないと乗り遅れる」という危機感や単なるお得感ではなく、「投資は誰にでもできる」という安心感や親近感です。そして、それは突き詰めれば非常にシンプルな手法だということです。

投資において、小さなお金である程度の資産を築くためには、極端に言えば二通りの方法があります。それは、時間を費やして一生懸命に投資機会を探り、いま話題のGAFA（グーグル、アップル、フェイスブック、アマゾン）のように何倍にも株価が上昇する銘柄を見出して投資をするか、もしくは、本書でお話ししたように、長期の時間と収益性を味方につけて積み上げていくのかのいずれかです。前者は、頑張ったとしても上手くいくかどうかはわかりません。それに対して後者は、誰にでもほぼ確実にできます。時間を味方につけることは平等に与えられている機会だからです。間違った投資対象や金融商品を選ばない限り、大きな損失はありません。

私は1988年（昭和63年）に社会人となり、実際に運用の部署に携わったのは、1990年（平成２年）からです。まさに、日本のバブル経済がはじける最中に運用の世界に身を置いたことになります。それから現在に至るまで、色々な形で運用や投資に関する仕事に携わってきました。その間、世の中には様々な出来事があり、金融市場が振り回されることもありましたが、振り返ってつくづく感じること、それは、わずか30年間であっても、経済や金融市場は大きく力強く成長を続けているという事実です。この点については今後も変わりはないでしょう。本書をお読みくださった人は、資産形成を通じて、ぜひ、この恩恵を手にしてもらえればと心より願います。

本書は、個人の資産形成について、最も大切なことを真正面からお話ししています。話題性に乗じるとか、意図的にインパクトを持たせた内容にはしていません。そういった主旨に賛同くださった、編集担当の徳富啓介氏はじめ出版社パンローリングの皆様方に深謝いたします。

金融経済学の奥深さ、物事を探求することへの姿勢と厳しさを教えてくださった、慶應義塾大学の恩師である唐木圀和先生がご健在のなか、唐木ゼミOBの一人として、本書をお届けできることを心より嬉しく思います。

また、本書の出版も含め、常日頃より温かくご支援くださいます本岡真社長をはじめ、三菱アセット・ブレインズの皆様に、この場をお借りして御礼申し上げます。

最後に、妻・民江、直人、真帆のサポートに感謝します。

2018年12月

勝盛 政治

【著者略歴】

勝盛 政治（かつもり・まさはる）

三菱アセット・ブレインズ株式会社
アナリスト第一グループ
シニアファンドアナリスト

三菱 UFJ 信託銀行において、20 代前半から数十年にわたり、ファンドマネージャー、トレーダーとして運用の最前線に身を置く。その経験をもって、現在は、投資信託の評価会社である三菱アセット・ブレインズ（MAB）のファンドアナリストとして、投資信託の評価や投資教育を通じ、個人が安心して資産形成に励むことができるための啓蒙に取り組んでいる。1988 年、慶應義塾大学商学部卒、唐木研究会出身。日本証券アナリスト協会検定会員、1 級 DC プランナー。

2019年2月3日　初版第1刷発行

現代の錬金術師シリーズ ⑮⓪

ファンドのプロと考える　初めての資産運用
――人生100年時代の投信活用術

著　者　　勝盛政治
発行者　　後藤康徳
発行所　　パンローリング株式会社
〒160-0023　東京都新宿区西新宿7-9-18　6階
TEL 03-5386-7391　FAX 03-5386-7393
http://www.panrolling.com/
E-mail　info@panrolling.com
装　丁　　パンローリング装丁室
組　版　　パンローリング制作室
印刷·製本　株式会社シナノ

ISBN978-4-7759-9165-7

DVD NISAで儲ける投資信託

深野康彦【講師】　DVD 58分

定価 本体3,800円+税　ISBN:9784775964293

講師コメント

2014年1月からNISA（少額投資非課税制度）が本格的にスタートしました。年100万円、5年間で最高500万円までの非課税投資を行うことができますが、活用の仕方を間違えてしまうと、メリットのはずがデメリットになってしまう恐れもあります。NISAの基本から利用に際しての注意点。さらにはNISAが導入された背景から将来的にNISAはどうなって行くのかまで解説したいと思います。同時に、上場株式等の証券投資における特定口座などの留意点、ならびにNISAにも関係する債券等の課税関係の改正点にも触れたいと思います。
NISAの基礎から活用の仕方までを習得できるとともに、今後の金融商品における税制改定や課税関係等で不利にならないような知識を習得できるでしょう。

プログラム

1. リタイア層は名目・実質で購買力低下
2. アベノミクス（三本の矢）
3. 量的緩和&質的緩和
4. 消費者物価指数の推移
5. 消費者物価指数と預金金利の推移
6. NISA（少額投資非課税制度）の概要
7. 非課税期間はトータルで14年間
8. 金融リテラシー（金融への理解度・判断力・活用能力）向上
9. NISAを利用する際の主な注意点
10. 2013年の年間騰落率ベスト10（全ファンド）
11. 2010年の年間騰落率ベスト10（全ファンド）
12. 2000年代の最初の10年株価指数騰落率
13. リスクと上手に付き合うには
14. 複利効果
15. 分散投資の効果
16. 世界経済の動向
17. グローバルな分散投資の意義
18. 出口戦略から見た外貨預金 VS 外貨MMF
19. 主な外国債券の課税関係
20. 債券の課税関係は大きく変わる（2013年度税制改正点）
21. 上場株式等は口座選択が鍵になる
22. 企業年金連合会のベンチマークデータ